AF176690

Oktobertage

Gedichte

Claudia Castillon, Josef Wehinger,
Petra Dobrovolny-Mühlenbach u.v.a.

Dorante Edition

Oktobertage

Gedichte

**Claudia Castillon, Josef Wehinger,
Petra Dobrovolny-Mühlenbach
u.v.a.**

Bibliografische Information durch die Deutsche Nationalbibliothek: Die
Deutsche Nationalbibliothek verzeichnet diese Publikation in der Deut-
schen Nationalbibliografie; detaillierte bibliografische Daten sind im In-
ternet über http://dnb.d-nb.de abrufbar.

herausgegeben durch das Literaturpodium, Dorante Edition
Berlin 2020, www.literaturpodium.de
ISBN: 9783752626490

Foto auf der Vorderseite: Peter Luyendyk

Alle Nachdrucke sowie Verwertung in Film, Funk und Fernsehen und
auf jeder Art von Bild-, Wort-, und Tonträgern sind honorar- und ge-
nehmigungspflichtig. A lle R echte v orbehalten. D as U rheberrecht liegt
bei den Autorinnen und Autoren.

Herstellung und Verlag: BoD – Books on Demand, Norderstedt

Sandra Schmidt

Der erste Brief

Ich halt ihn in den Händen,
den ersten Brief von dir.
Schön gefaltet – mit viel Liebe
bringst du Worte zu Papier.

Worte, die mir viel bedeuten,
was mich unendlich glücklich macht;
was du in deinem Herzen fühlst,
hast du zu Papier gebracht.

Du hast doch erst gelernt, zu schreiben,
die Buchstaben von A – Z;
und plötzlich wurden sie zu Worten,
liebevoll von dir umgesetzt.

Mein Kind, es ist so schön, zu sehen,
wie du deine Welt entdeckst.
Das neu Gelernte mit mir teilst,
an deinen Aufgaben stets wächst.

Diesen ersten Brief von dir,
mit Ehrlichkeit geschrieben,
zeigt mir, wir wundervoll du bist,
wie sehr wir zwei uns lieben.

Sandra Schmidt

Freundschaft

Manchmal kreisen die Gedanken,
zu viele Sorgen, zuviel Last.
Die innere Ruhe gerät ins Wanken,
man hat den Absprung kurz verpasst.

Allein herauszukommen – oft nicht leicht,
die Gefahr ist da, im Kreis zu drehen.
Erst wenn ein Freund die Hand dir reicht,
kannst du Hoffnung sehen.

Eine Freundschaft kann so vieles geben;
Vertrauen, Stärke, Zuversicht.
Ein offenes Ohr – oder nur reden,
Freunde sind da, und halten dich.

Ich danke all den lieben Menschen,
die es in meinem Leben gibt.
Es lohnt sich, um sein Glück zu kämpfen,
es lohnt sich – denn man wird geliebt.

Sandra Schmidt

Geboddsdooche

Gestern hommer drieber gredt,
wall widder aans Geboddsdooch hätt.
Jeds Mol denkst, du hast dei Ruh,
dann kummt scho glei der Nächste dru
und bringt sei Einlodung verbei,
a Wunschlistn iss a derbei;
do wärd empfohln, woss därfstn schenkn,
do sporster glei des eigne Denkn.

Erscht neili issmers dann bassiert,
mier hats grod werkli gschaid bressiert,
do kummt a Freindi – Mitte Mai –
und hat ihr Einlodung derbei.
Ich sooch glei – „Ich hob etz ka Zeit,
bis zum Geboddsdooch iss nu weit",
do sachts dann glei „Mach mer ka Sorng,
ich feier fei scho iebermorng".

„Ja gut", sooch ich dann nebnbei,
„dann schmass in Briefkastn glei nei,
iebermorng, do hobbi Zeit,
mier kumma obber dann zu Zweit".
„Kannst machen", sacht mein Freindi schlicht;
„der fällt dann a nemmer ins Gwicht.
Der kann si zu die andern hockn,
die gräing bam Grilln die dunkln Brockn".

„Naa", schreit aaner dann im Hintergrund,
„mei Fraa maant miech, und net in Hund".
Die Freindi drauf: „Wenns sa muss – gern,
bleibst hold dann vom Grillfleisch fern,
sunst bleibt nix iebri fier die Hund
und fier diech iss a net gsund.
Ansunnstn dann bis iebermorng,
und dennt fei a gschaids Gschenk besorng."

Mei Moo wor granti und sacht fix:
„Vo mier gricht fei dess Weissbild nix,
grod, dass mi nu derbei hom will,
obber Grillfleisch essn, iss scho zvill".
Ich sooch zu ihm: „Beruich di fei,
mier fällt bestimmt woss passnds ei.
Sie iss doch handwerkli recht fit,
bloss ihr Männer woarn ka Hit".

Ich schau etz glei ind Zeitung nei,
do iss bestimmt heit woss derbei".
Und werkli woar, bin fündich woarn,
mier kenna fei sugor woss spoorn,
der iss im Angebot zur Zeit,
mit demm hats quies a gschaide Freid.
„Etz gäi moll heer, woss sagstn du,
der basserd doch, doo schloong mer zu.

Er iss aff jedn Foll recht schlank,
klaa und handli – Gott sei Dank.
Die brauna Hoar, die kanner fährm,
wall blonde mogs doch a su gärn.
Er macht an gutn Eindruck fei,
soll derhamm recht fleissi sei;
fier die Eckn isser spitze,
und ärbert a bei grousser Hitze."

Mier homm nen dann a glei bestellt,
und ins Treppnhaus neigstellt.
Oben buschig – unten hadt;
der macht bestimmt su schnell net schlapp.
Mei Freindi hat si richtig freit,
„fier suwoss", sachts, „wärds echt mol Zeit;
denn Pinsl kanni werkli braung,
etz kannin endli streing – mein Zaun".

Sandra Schmidt

Geburtstage

„Das war´s für heuer", dachten wir;
Mein Mann und ich – und das Gespür.
Man denkt sich oft, das war´s jetzt dann,
da kommt auch schon der Nächste dran,
und bringt die Einladung vorbei
die Wunschliste gleich mit dabei;
es wird empfohlen, was sollst schenken,
man spart sich gleich das eigne Denken.

Erst neulich ist es mir passiert,
ich hab im Garten grad pausiert,
da kommt die Freundin – Mitte Mai
hat ihre Einladung dabei.
Ich hab gesagt: „Das hat doch Zeit,
was soll denn jetzt der ganze Hype?"
Sie meint drauf „Mach mir keine Sorgen,
ich feiere doch schon übermorgen!"

„Na gut", sag ich dann nebenbei;
„dann ist es so, dann soll´s so sein;
übermorgen hab ich Zeit,
wir kommen aber dann zu zweit!"
„Kannst machen", sagt die Freundin schlicht;
„der fällt dann auch nicht ins Gewicht,
die andren Hunde kommen auch,
für die gibt´s einen Schweinebauch."

„Nein!", ruft mein Mann im Hintergrund,
„meine Frau meint mich, und nicht den Hund!"
Die Freundin lacht: „Wenn´s sein muss – gern,
bleibst aber dann von Grillfleisch fern
sonst bleibt nichts übrig für die Hunde
und du sparst dir neue Pfunde
ansonsten dann bis übermorgen
und denkt dran: Ein Geschenk besorgen."

9

Mein Mann war sauer, und sagt fix
„Von mir kriegt deine Freundin nix,
was hat die gegen meinen Bauch?
Naja, die Nachspeise geht auch."
Ich sag zu ihm: „Komm erstmal rein,
mir fällt bestimmt was Schönes ein.
Sie ist doch handwerklich recht fit,
aber Männer waren nicht der Hit.
Ich schau gleich in die Zeitung rein,
da wird was Passendes schon sein."
Und wirklich, ich hab was gefunden,
er hat Elan für viele Stunden
und ist im Angebot zurzeit,
der macht ihr ganz bestimmt ne Freud.
„Schau mal her, was sagst denn du?"
Mein Mann meint nur: „Entscheide du!"

Er ist auf jeden Fall recht schlank,
klein und handlich – Gott sei Dank.
Auch braune Haare kann er tragen,
weil dunkle mag sie auch gern haben.
Der erste Eindruck ist recht fein,
er soll auch richtig fleißig sein.
Für die Ecken ist er spitze,
arbeitet sogar bei großer Hitze.

Wir haben ihn dann gleich bestellt
und ins Treppenhaus gestellt.
Oben buschig – unten knapp
der macht bestimmt so schnell nicht schlapp.
Meine Freundin hat sich sehr gefreut,
„für sowas" sagt sie, „wird's mal Zeit;
mein Alter muss dem Neuen weichen,
jetzt kann ich meinen Zaun anstreichen."

Sandra Schmidt

Glück im Unglück

Ich bin ganz früh schon abgehoben
und mit Freude losgeflogen.
Der Frühling hat mich angelacht
und auch sehr neugierig gemacht.

Jetzt war es endlich wieder da,
das neuerweckte Bienenjahr;
wo wir Bienen ganz geschwind
beim Sammeln und Bestäuben sind.

Was hat die Königin mir beigebracht?
Flieg vorsichtig, gib auf dich Acht.
Vögeln, Fröschen und auch Spinnen,
kannst du manchmal nicht entrinnen.

Viele Menschen, lass dir sagen,
wollen dich so nah nicht haben.
Manche Kinder haben Angst,
flieg auf Abstand – wenn du kannst.

Hoch über Wälder und auch Wiesen,
konnte ich nun den Tag geniessen.
Ich sah Vögel und Insekten flitzen,
Menschen am Balkon rumsitzen.

Irgendwann hab ich pausiert
und dabei ist es dann passiert.
Die Schale Wasser, die dort stand
gefüllt – bestimmt von Menschenhand.

Es lockte mich der Wasserschimmer,
ich merkte schnell – ich bin kein Schwimmer.
Es ging so schnell, was dann geschah,
die Schale wurde zur Gefahr.

Fürs Wasser war ich viel zu schwer,
ich sank zu Boden – immer mehr.
Die Kräfte drohten, bald zu schwinden
hier würde mich wohl niemand finden.

Irgendwann sah ich ein Geäst,
mit letzter Kraft hielt ich mich fest.
Der Mensch, der mich gefunden hat,
zog mich raus – das war echt knapp.

Er legte mich gleich in die Sonne,
damit ich Wärme abbekomme.
Ich konnte nicht mal flüchten, klar,
so nass und kraftlos, wie ich war.

Als die Sonne unterging,
die Wärme somit rasch verging,
hab ich den Bienenstock vermisst
weils da so kuschlig warm drin ist.

Das hat wohl auch mein Mensch gedacht,
und mir ein warmes Bett gemacht.
Er sagte: „du schläfst heut im warmen Haus,
und morgen siehts ganz anders aus."

Welch ein Glück, am nächsten Morgen,
waren sie kleiner, meine Sorgen.
Denn ich war immer noch am Leben,
konnte sogar die Flügel heben.

Doch fehlte mir noch Energie,
ein Mädchen hatte die Idee;
„Ich misch dir einen Zaubersaft,
er wird dir helfen, gibt dir Kraft".

Zuckerwasser gab sie mir;
das war mein Lebenselexir.
Von nun an ging es Stück für Stück,
in meine Bienenwelt zurück.

Ich durfte raus, aus dem Karton,
und auf den sonnigen Balkon.
Nach einer kurzen, schnellen Pause,
hob ich ab – und flog nach Hause.

Sandra Schmidt

Mein Kind

Ich seh in deine Augen,
und kann es fast nicht glauben,
der lang ersehnte Wunsch nach dir,
erfüllte sich, du bist bei mir.

Vergessen ist die schwere Zeit,
gefüllt mit ganz viel Traurigkeit;
zu oft gehofft, zu oft gefallen,
tröstende Worte, die verhallen.

Das lange Warten, nun vorbei,
fühl mich vollkommen, fühl mich frei.
Das grösste Glück hab ich durch dich,
mein Töchterchen, ich liebe dich.

Grete Ruile

Wahrsager

Wahrsager wollen dich an ihren Glauben binden.
Doch Glaube wirst du bei Gott
und wenig Göttliches bei Wahrsagern finden.

Grete Ruile

Sich verstehen

Manchmal war dornig unser Weg.
Doch heute lasst uns fröhlich sein.
Einander an den Händen fassen,
tief uns in die Augen sehen.
In Zukunft heiter fühlend weiter gehen.
Wie auf Paradiesen Wiesen,
denn wir lernten zusammen genießen
und wir lernten uns verstehen.

Grete Ruile

Gedankensplitter

Tausende Helden zogen durch die Welt.
Doch unbekannt bleibt uns der Held
im Kämpfen oder Siegen,
er hat darüber geschwiegen.

Grete Ruile

Der Lenz ist unterwegs

Lenz: Du Schöngestalter.
Deine Farben sind so prächtig.
Herrlich grün dein frisches, junges Laub.
Ein vielfarbiger Blütenregen schaut
nieder auf die weite Welt.
Denn das Wunder es geschah,
plötzlich war der Frühling da.
Bunt am blauen Himmelsbogen
farbenstreuend hergeflogen.

Grete Ruile

Seelenbild

Dein Bild ist in mir,
wird in mir unverändert dauern.
Die Zeit, die wir zusammengesessen,
ich werde sie nie vergessen.
Sie war eine kostbare Erinnerung in meinem Leben,
ein kurzes, großes Glück auf meinen Wegen.

Grete Ruile

Morgenrot

Leuchtend bis zum Horizont, übergießt
Rosenlicht von oben mild die Häuserfront.
Morgenherrlichkeit durchflutet alles,
bis der neue Tag erwacht.

Grete Ruile

Helle Tage

Bäume träumen von Sonne und Blütenduft.
Sie träumen von zwitschernden Vögeln
in ihren Zweigen.
Sie träumen von tausenden Bechern
voll Sonnenschein.
Die wollen sie vergießen, uns
Menschen mit dem Frühling grüßen.

Grete Ruile

Weißer Hauch

Im Garten schaue ich mir die Blumenbeete an.
Schneeglöckchen und Märzenbecher,
die ersten Frühlingsboten blühen wieder.
Wie wünscht ich mir, dass ich beim Betrachten
dich neben mir fände.
Doch du bist nicht mehr da!
Niemand reicht mir liebevoll die Hände.

Grete Ruile

Meeresrauschen

Das hat uns fasziniert!
Wie die Wellen brausten an den Strand.
Wie die Wogen stiegen auf und nieder, flogen in die Höh.
Es war ein Brausen und Rauschen, es klang wie Musik.
Heute erlebe ich die Naturgewalten alleine hier.
Ich meine jetzt, es sei ein Gruß von dir.

Grete Ruile

Aufschlussreiche Gedanken

Blinde fühlen mehr.
Wenn man blind ist,
geht man kaum oberflächliche Beziehungen ein.
Der Körper einer Partnerin
oder das Aussehen ist nicht wichtig.
Man liebt ihren Körper,
ob alt oder jung,
weil man den Menschen liebt.
Sein Wesen und seine Seele.
Musik ist Lebensqualität für Blinde.
Musik drückt Trauer, Freude Schmerz und Glück aus.
Wenn man sich zu zweit in der Musik verbinden kann,
ist das einmalig.
Wie heißt es doch so schön in einem Lied:
„Wenn du aus dem Zimmer gehst ist alles so leer,
denn du weißt es ja, du fehlst mir so sehr."
Blinde leben mehr Klang und Geruch.
Wir könnten daraus lernen.
Blinde sind aber auch Liebhaber der Stille.
Ich verstehe das.
Ich brauche oft Stille,
denn man hört Einzelheiten des Lebens
in der Stille besonders.
Man kann besser zwischen Gut und Böse unterscheiden.

Grete Ruile

Innige Zuneigung haben

Du bist mir so kostbar, weil du so liebevoll bist.
Sogar in der Nacht, wenn ich aufwache, empfinde ich dich.
Selbst an grauen Tagen hilft mir der Gedanke an dich,
denn dein Herz leuchtet wie ein starkes Licht,
das alles Dunkle durchbricht.

Momentaufnahmen – 2

Falter der Nacht:
Mit zarten Flügeln
streichelst du die Blumen zärtlich.
Dir öffnen sie ihre duftende Fülle.

Ein ich:
Ein ich, ist ein Tempel des Möglichen.

Sein Name ist „Clown",
er sammelt Augenblicke.

Im Windhauch blühen Klänge auf.
Nur der Mond und ich, wir hören es.

Seelenfülle in Pflanzen, Tieren Menschen.
Lebenskraft, aus der das Leben wächst.

Nicht jeder findet einen Stern,
das ist so wie mit dem Glück.

Erkenntnis braucht eine neugierige Unruhe.

Mein Schatten:
Er liegt wie ein bizarres Muster auf dem Boden.

Ich lebe!
Kann herzenstief noch lachen und auch weinen.

Nur wenn wir hoffen,
können wir noch agieren.

Nur ein Lächeln lang,
so schien mir, warst du da.

Lichter tanzten in der Nacht,
glichen einem Elfenreigen.

Nadisha-Marie Aliman

Selbstfaltende Worte

Wie seltene Worte
Auf seltenen Böden,
Wie aus Hungerliebe
In Träumen gediehen.

Wie fliegende Worte,
Selbstfaltende Herzen,
Die aus Hungerliebe
Im Mutterleib blieben.

Petra Dobrovolny-Mühlenbach

Mein Corona-Gedicht

Das Corona-Virus ist zwar überall,
doch weder fass- noch sichtbar.
Du lernst einen neuen Abstand zur Welt.
Ob das Virus sich auch daran hält?

Die Autobahnen werden leiser,
die Menschen bald ein wenig weiser.
Der Frühling zieht ein in voller Pracht.
Was hat sich nicht alles verändert über Nacht?

Du hörst abends die Nachtigall,
tagsüber den Kuckuck überall.
Aus bleibt der Regen,
doch nie verlässt uns Gottes Segen.

Viele Felder liegen brach,
da kein Helfer vom Ausland kommen mag.
Jetzt wär' fällig der Einsatz der Armee
für Salat und Gemüse, o yeah!

Die Schwäne paaren sich im Schilf.
Viele beten: „Santa Maria, hilf!"
„Mutter Erde, vergib' uns unsre Sünden!
Wir wollen wieder zu dir finden
und leben in Eintracht und Frieden.

Im Moment tut uns noch vieles betrüben.
Doch bald werden wir erwachen aus dem Schock,
die Wahrheit zeigt sich an jedem Ort.
Wir wählen nun die richtigen Regierungen,
die die Finger lassen von Lüge und Korruption.
Die Menschheit umarmt sich in digitaler Union.

Petra Dobrovolny-Mühlenbach

Zur Stärkung

Die Stärkung des Immunsystems
ist in aller Munde.
Und es macht
die wissenschaftliche Erkenntnis
die Runde:
Am stärksten wirken Kuscheln und Kuss.
So bleiben alle gesund mit Genuss!
Paar- oder familienweise
vertreiben wir so das Virus!

Denk' auch an Zink und Vitamin C.
Statt Vitamin D
ist besser Sonnenschein,
denn dieser schadet dem Virus sehr,
auch wenn du jetzt nicht kannst ans Meer.

Mein kurzgefasster Rat:
Ruh' dich aus von zu viel Tat,
nimm Knoblauch mit Zitrone
und geniesse die Sonne!

Hier könnte das Gedicht fertig sein,
doch es gibt noch einen Zusatzreim:

Vor dem Kuss
nimm Knoblauch mit Zitrone,
denn dann geht's ohne
den lästigen Geruch.
Fügst du noch ein wenig Honig hinzu,
schmilzt der oder die Geküsste im Nu!

Petra Dobrovolny-Mühlenbach

Harry, der Corona-Antikörper

Hallo! Ich bin Harry, der Antikörper,
ich mach' nicht viele Wörter:
Bei Viren stech' ich kurz entschlossen zu,
dann hat die Menschheit wieder Ruh'.

Zur Abwehr hab' ich die richtigen Stacheln.
Mit mir ist nicht lange fackeln!
Hinter mir steht eine ganze Armee.
Für das Corona-Virus heisst das: O weh!

Wegen der Menschen grosse Not
hat mir ein Engel über Nacht
den passenden Schlüsselcode beigebracht.
Jetzt wird mit der Plage kurzer Prozess gemacht.

Wir sind auch weiterhin auf der Hut,
denn trainiert sind wir bereits sehr gut.

Als Dank
sag' zu so einem Kerl wie mich
in allen Sprachen: „Ich liebe dich!"
Und wisse:
Aus der Liebe Kraft
der Mensch eine neue Welt erschafft.

Die alte Welt ist am Vergeh'n,
denn durch Hass, Gier und Krieg
hat sie kein Besteh'n.
Es wird die Menschheit aufersteh'n
an einem neuen Morgen.

Mach' dir keine Sorgen
um Immunität und die richtige Abwehr!
Zerbrich' dir nicht den Kopf
über Zahlen und Statistiken!

das machen schon die richtigen
Experten etwa in Bern und Berlin.
Du kannst zurzeit nirgendwohin.
Bleib' am Ort
und scheine dein Licht
in die Welt immer fort!

Petra Dobrovolny-Mühlenbach

Eine Lektion?

Alle sprechen von demselben Thema
und fragen sich ob Corona
sei die Krönung
von Lug und Trug.

Sind doch wir Menschen
die Krone
der Schöpfung
seit wir können denken!
Warum erdreistet sich jetzt ein Virus
zu tragen die Krone?
Die Wirkung ist nicht ohne!

Eine Lektion in Demut?
Auch noch mit Stacheln?
Das wär' doch zum Lachen!

Petra Dobrovolny-Mühlenbach

Was zählt?

Ein Kolumnist der Tageszeitung
bescheinigt unserer Regierung
fehlende Verantwortung und viele Versäumnisse.
Ebenfalls keine guten Zeugnisse
verteilen Leserbriefschreibende.

Das Parlament tagt bald wieder, zum Glück!
Dann findet die Demokratie wieder
in den Alltag zurück.
Wegen des Virus
wurde die Frühjahrssession abgebrochen.
In unserem Land sind inzwischen
viele Menschen gestorben.
In einer Schweigeminute wir ihnen gedenken,
den Gräbern werden wir viele Blumen schenken.

Haben wir die Lektion
aus dieser Erfahrung gelernt?
Haben sich Hunger und Kriege
aus der Erde entfernt?
Wie stehen wir da vor unseren Kindern?
Sie fragen, … das können wir nicht verhindern,
mit grossen Augen: „Warum?"

Überlassen wir ihnen eine Welt,
in der nur noch die Liebe zählt?

Petra Dobrovolny-Mühlenbach

Die Schutzmaske

Die Verwirrung ist gross,
nützt sie etwas, oder
ist sie gar gefährlich?
Vorhanden war sie längere Zeit
nur spärlich.

Doch eines wird langsam allen klar:
Die Schutzmaske gehört ab jetzt
zu unserem Accessoire.

Zumindest hält sie etwas zurück
von den Tröpfchen
aus dem eigenen Kröpfchen,
auch schützt sie ein bisschen
vor den Tröpfchen
der anderen Mitfahrenden
im öffentlichen Verkehr.

Und zu einem gemeinsamen Verzehr
in Restaurant oder Bar
kommt es noch lange nicht,
das ist wohl klar!

Nun, welches Design
darf es sein
für gross und klein?
Versace, Gucci oder Channel?
Für die Damen in Frühlingsfarben, gell?
Und die Männer
mögen je länger
nicht mehr sein in schlichtem Schwarz.
Kelvin Klein oder Hugo Boss?
Wer setzt sich zuerst auf das hohe Ross?
Und die Kinder
sind die grössten Erfinder:

Sie malen auf die Leinwand
vor Nase und Mund
als Gebot der Stund'
eine neue Welt,
in der die Liebe alle zusammenhält.

Osterhasen mit Masken aus Zuckerguss
waren für viele ein ungewohnter Genuss.
Und wie macht das später im Jahr
der Nikolaus?
Bei seinem Barte
ist ihm die Maske ein Graus.
Er meint weise: „Ich warte!"

Petra Dobrovolny-Mühlenbach

Corona-Neudeutsch

Abstand halten heisst social distancing,
verfolgen heisst tracing,
die neuen Todesursachen
„mit oder an".
Jetzt kommt auch noch die R-Zahl dran:
Sie sollte unter eins liegen zu kommen,
alles andere ist zu verschwommen
und völlig unwissenschaftlich.

Zahlen sind nüchtern und sachlich,
die Erfassung und die Interpretation
variiert fachlich:
Je nachdem, ob ein Gesundheits-
oder Wirtschaftsfachmann
all die Zahlen lesen kann.

Je nachdem hat dies andere Konsequenzen.
Doch eins ist klar: Wir kommen an uns're Grenzen!
Welche Zahlen haben Priorität?
Wie steht es mit uns'rer Souveränität?

Ungeniert wird umdefiniert,
wonach wir uns zu richten haben.
Nur kleine Kinder fragen: Warum
sind die Erwachsenen so dumm?

Petra Dobrovolny-Mühlenbach

Wann?

Wann können wir
einander wieder
Blumen schenken?
Und den Verstorbenen gedenken?
Wann können wir
die neugeborenen Kindlein feiern,
ohne dies zu bereuen?
Geduld ist angesagt,
gehen wir Schritt für Schritt
in den neuen Tag.

Petra Dobrovolny-Mühlenbach

Selbstbestimmung

Gemäss dem Abstrich aus
Nase, Rachen und Mund
wurde mir bescheinigt:
Ich bin kerngesund.
Man habe nichts dagegen,
wenn ich mich wieder frei bewege.

Ich habe sogar Antikörper
doch jetzt kommen befehlende Wörter:
Ich soll mich impfen lassen!
Das ist ja nicht zu fassen!
Wo bleibt meine Selbstbestimmung?
Dank Smartphone
kann man mich überall orten.
Sollte man mich festnehmen
entgegne ich mit den Worten:
„Ich bin ein Antikörper
gegen Willkür und Korruption!"

Petra Dobrovolny-Mühlenbach

Wunderbar!

Ein Professor in Amerika
befindet: Das Virus ist zu harmlos,
um einen Impfstoff dagegen zu entwickeln.
Wunderbar!
Doch viele gehen auf ihn los
und wollen sein impf-pflichtig.
And're wieder finden, das ist nicht richtig!
Noch schweigt die Pharma-Industrie.
„Mich kriegt ihr nie!"
Lacht sich das Virus ins Fäustchen,
Professor hin oder her
von der University,
denn ich bin ein Künstler in Diversity!"
Und fliegt davon auf einem Fledermäuschen.

Seine Stacheln wirft es an der Sonne ab
und bringt niemanden mehr ins Grab.
Ihr dürft wieder mit anderen zusammen sein
und euch erzählen, wie das Virus war gemein,
heimtückisch und doch weise,
jedes Land bekämpfte es auf eigene Weise.

Der Präsident von Amerika
schlug vor,
statt in der Krankheit zu versinken,
lieber Desinfektionsmittel zu trinken.
Experten raten dringend davon ab,
denn dieser Mann sei nicht vom Fach.

Hebt lieber ein Glas Wein in der Runde
prostet euch zu und trinkt auf die frohe Kunde
über Frieden in der ganzen Welt,
und darauf, dass die Menschheit zusammenhält.

Petra Dobrovolny-Mühlenbach

Viele Stücke Mut

Leisten dürfen wir uns jetzt ein Stück Mut,
meint Frau Merkel, die Bundeskanzlerin.
Das tut uns gut!
Doch müssen wir weiter sein auf der Hut
und ja nicht übertreiben
und uns vor Übermut
lieber die Hände waschen statt reiben!

Mit dem Virus ist nicht zu spassen!
Auch können wir noch nicht alles fassen.
Unsre Freiheit ist dahin,
und vieles ergibt gar keinen Sinn.
Wie viele Stücke Mut
müssen wir noch aufbringen,
um für die Freiheit zu ringen?

Und wie viele Stücke Mut
müssen wir suchen
bis wir wieder finden den süssen Kuchen
des Lebens?
Wohlan denn! Es ist nicht vergebens.

Vieles können wir nicht glauben
und lassen uns nicht der Freiheit berauben.
Hören wir nicht auf zu fragen!
Dazu brauchen wir viel Mut,
denn es dauert, bis sich etwas tut!
Bis entlarvt wird zur richtigen Stunde
der Wahrheit frohe Kunde.

Petra Dobrovolny-Mühlenbach

Grenzenlos

Willst du deine Liebste
zum Wochenende einladen,
so musst du erst die Ämter fragen.
Das ist schwer zu ertragen.
Doch deine Liebste könnte haben
das Virus im Gespäck.

Und zu diesem Zweck
sind die Grenzen zu.
Dies raubt dir nächtens deine Ruh'!
Alles hängt jetzt ab
von der Entwicklung in Italien.
Das sind keine Lappalien.

Du klagst über dein schweres Los,
doch wisse: Eure Liebe ist grenzenlos!
Und bald seid Ihr wieder vereint
und werdet vergessen, wie oft Ihr geweint.

Eure Herzen zueinander finden.
Das kann kein Amt der Welt verhindern.
Trotz Stacheldraht und Zaun
nimmt sich die Liebe ihren Raum.
Du merkst es daran,
dass in der Luft
liegt ein ganz besond'rer Duft
von Maiglöckchen und Flieder.
Liebe kann man nicht verbieten,
und wir sehen uns bald wieder!

Petra Dobrovolny-Mühlenbach

Die neue Welt: ein Traum

Statt die alte Welt aufzuräumen
lasst uns alle lieber
von einer neuen träumen.

Ein Engel flüstert sachte: „Träume
sind keine Schäume!
Denn sie erschaffen neue Räume
durch Bilder und Symbole
zum allgemeinen Wohle
der Menschheit und der Welt."

Die alte Welt zerfällt,
die neue ist bereits erträumt.
Wach' auf, damit du nichts versäumst!

Du denkst, du träumst mit offenen Augen!
All das konntest du vorher nicht glauben:
Überall Frieden und Wohlstand!
Ihr nehmt einander an der Hand,
um zu erkunden das neue Land.

Eure Träume werden mehr als wahr,
und das ist doch wunderbar!

Petra Dobrovolny-Mühlenbach

Weiter geh'n wir ...

Altes wegräumen
und entsorgen,
Neues erträumen
für eine Zukunft ohne Sorgen.
Zu zweit Hand in Hand,
auch mit anderen verbunden
durch ein unsichtbares Band
über Meere hinweg und Kontinente.

Ein Frieden ohne Ende
ist in Sicht,
ob du es glaubst oder nicht.
Die Masken haben wir abgenommen,
viele sind davon noch benommen.
Die neue Freiheit atmen wir jetzt erst recht,
George Floyd zu Ehren.
Das kann uns niemand verwehren.

Weiter geh'n wir Schritt für Schritt.
Uns're Schutzengel kommen immer mit.
Wir sind beschirmt und behütet,
auch wenn in Zukunft
noch mancher Sturm wütet.

Am Ufer ziehen Schwäne vorbei,
würdevoll und frei.
Würde und Freiheit
sind auch uns nicht einerlei.
Dafür wir auch weiterhin einstehen,
egal, welche Fahnen über uns wehen.

In Gedenken an George Floyd

Petra Dobrovolny-Mühlenbach

Mach' dir keine Sorgen
Was die Eiche dir flüstert (4)

Mach' dir keine Sorgen!
Denke nicht an morgen.
Eine Annahme ist das alles,
du stellst dir damit eine Falle!

Darauf fällst du nicht herein,
am besten lässt du das Morgen sein
und hörst auf meinen Rat,
den du umsetzt in die Tat:

Lebe jetzt und heute
und das mit aller Freude.
Geh' mit Sonne im Herzen
durch die Welt,
in der es nie an etwas fehlt.

Hülle und Fülle
jetzt und hier.
Es geschehe SEIN Wille!
Amen. So ist es.
Das sag' ich dir.

Deine Freundin, die Eiche

Die Gedichte „Was die Eiche dir flüstert" (1), (2) und (3) sind bereits in den
Sammelbänden „In Blütenwelten flanieren" und „Eine Tasse Tee geniessen" er-
schienen, welche vom Literaturpodium 2018 und 2020 herausgegeben wurden.

Petra Dobrovolny-Mühlenbach

Transformation

21. Juni 2020: Sommersonnenwende mit Sonnenfinsternis!

Korruption, Rassismus und Pädophilie,
so viel kommt zum Vorschein aus dem Sumpf
wie noch nie!
Auch illegale Waldrodungen und Gifte in der Umwelt, …
Wie Mutter Erde das alles aushält?

Sie schüttelt sich vor Ekel
und speit aus allen Vulkanen.
Wir sollen doch mehr sein
als nur brave Untertanen.
Die Zeichen stehen auf Revolution.
Propheten wussten dies lange schon.

Alles wird hochgeschwemmt
oder verbrennt.
Wir leben in der Zeit der Transformation.
Am Horizont seh'n wir schon
das Licht der neuen Erde
und Engel, die singen:
„Werde! Werde! Werde!"

Der Stoff für die neue Schöpfung
wird neu gewoben
in den Farben von einem Regenbogen.
Die neuen Kinder rutschen darauf herunter
und verkünden munter:
„Die neue Welt könnt ihr uns überlassen,
euer Durcheinander war ja nicht zu fassen!
Wir möchten nur noch spielen und spassen,
vor allem aber in Frieden leben!
Dafür haben wir viele Ideen,
die wir auch umsetzen,
darauf könnt ihr euch verlassen!"

Alle lachen und die Alten
wollen kein Erbe mehr verwalten.
Sie lassen los, freuen sich
und stimmen ein
in ein neues Lied
über Frieden, Freiheit
und ganz viel Lieb'.

Velibor Baćo

Mit dem Herzen sehen

Diejenigen die begreifen wollen,
wollen dich greifen,
deine Worte, dein Sein,
es kategorisieren und in Schubladen verorten.

Bedingungslos und blind begreift der Liebende,
lässt Raum und Zeit,
sieht mit dem Herzen,
denn nur mit dem Herzen sieht man was den Augen verborgen.

Müh' und Schmerz,
Liebe und Scherz,
Muße und Stolz,
Groll und Glück,
erblickt nur der,
der mit geschlossenen Augen,
schenkt sein Vertrauen.

Velibor Baćo

Der Virus heißt Mensch

Grüner Wirt,
Unikat des Kosmos,
unzählbare Leben,
im Einklang,
Überfluss an allem,
im ewigen Kreislauf.

Modernes Leben,
Plastikmeere,
saurer Regen,
stickende Luft,

salziger Boden,
Sklave,
Wachstum,
ewiges Wachstum.

Begrenzte Sicht,
Zivilisation die Krankheit,
Mensch der Virus,
unheilbar,
Tiere versklavt,
Natur gedemütigt,
Planet infiziert,
alles domestiziert.

Profit als Gott,
Gleichgewicht das Opfer,
wir,
die Jünger,
scheinbar ohne Gegenwehr,
Heilkräfte der Natur,
zu stoppen den Wucher,
des Planeten Rettung.

Plötzlicher Halt,
der Tod ist verhasst,
die Wirtschaft erblasst,
es gibt kein zurück,
einer muss siegen.

Neue Zukunft,
am Scheideweg,
die Natur wird siegen,
Zeit ist ihr Wirken,
wucherndes Wachstum,
von Zelle zu Zelle,
kann nicht bestehen,
wir werden es sehen.

Velibor Baćo

Mütter von Srebrenica

Ströme an Blut,
Ozeane der Tränen,
Brudermord.

Mütter von Srebrenica,
Seelen entzweit,
ewiger Schmerz,
existiert sie noch,
die Hoffnung?
Auf was?

Niemals vergessen,
vergeben wer kann,
Schritte,
Stiche im Herzen,
Gerechtigkeit,
Sühne,
Zeit heilt nicht alle Wunden,
im Tode vereint,
niemals vergessen,
ruhet in Frieden.

Gabriele Gurátzsch

Die besondere, letzte Reise

gewidmet Claudias und Haralds Mama
(geschrieben aus der Sicht der erwachsenen Kinder)

Du bist gegangen - still und leise
auf deine letzte, große Reise,
um nun das Geheimnis zu schauen,
auf das wir gemeinsam vertrauen.

Du bist dort in Liebe gebettet
und wir haben bereits gewettet,
dass du wieder neben Papa sitzt
und er voller Aufregung schon schwitzt.

Ihr habt euch jetzt viel zu erzählen:
Welches Thema werdet ihr wählen?
„Wie waren die letzten fünf Jahre?
Gott unsere Kinder bewahre!"

Seid in Freude, froh vereint dort:
An diesem wunderbaren Ort!
Irgendwann seh´n wir uns wieder
und singen fröhliche Lieder.

Ganz in Liebe:
Da neue Triebe!
Wir schau´n nach oben,
woll´n Gott loben.

Norbert Leitgeb

Taumeltanz

Tanze! Tanze auf dem Ball des Lebens!
Dreh im Reigen dich von Lust und Wonne.
Lass dich, hell umglänzt von Jugendsonne,
hoch zum Wolkenwünscheschloss erheben!

Tanze! Tanze wie die winddurchzausten Fahnen
im Konsumrausch der verführten Massen,
bis dir Täuschung, Trug und Tand verblassen
und die Jahresschatten dich ermahnen!

Tanze! Tanze zu den Lebensgeigen!
Winde dich zur ewig gleichen Frage,
die sich stellt am allerletzten Tage:
Hast du sonst noch etwas vorzuzeigen?

Tanze! Tanze wie du's einst gemocht,
müden Schrittes, schleppend nur gelenkt,
bis das Atemrasseln deine Brust beengt
und Gevatter grausig-düster pocht!

Tanze! Tanze weiter mit dem Mob
trunken-toll in taumelnder Ekstase,
unbeirrt vom Rieselsand im Glase,
bis beim letzten Korn es heißt: Nun stopp!

Bis die Stille kalt erklirrt im Saale,
und die Taumelstimmung ist verflogen,
da pedantisch wird dein Leben abgewogen
und es unerbittlich heißt: Nun zahle!

Norbert Leitgeb

Keine Ausrede

Hei, lasst uns die Welt verprassen!
Dabei nur nicht lockerlassen!
Holt, wonach der Sinn euch steht!
Rafft, solange es noch geht
nach dem Motto der Vandalen:
Heute schlemmen, Kinder zahlen!

Bah! Was heißt da Klimakrisen?
Bloß Geschwafel, nichts erwiesen! ...
Upps! Da schwappen Meere über.
Upps! Da leiden Länder Fieber.
Upps! Da wüten Katastrophen.
Upps! Fast hätt' es uns getroffen!
Doch was soll's! Lasst Korken knallen!
Feiert weiter, Enkel zahlen!

Friedlich ist die Welt und Stille.
Keine Staus mehr, kein Gewühle.
Himmel blaut, die Sonne glüht,
Geier kreisen, Kaktus blüht.

Umwelt zeigt sich als Idylle,
nicht wie einst, nicht mehr für viele.
Ein paar Enkel leben noch,
doch der Preis dafür war hoch.
Bitter krampft sich deren Brust ...
Alle hatten sie's gewusst!

Norbert Leitgeb

Akt

Freund Joschi zeigt sich eine Maid
wie Gott sie schuf: ganz ohne Kleid,
doch nicht als Zeichen ihrer Gunst.
Sie war dereinst Objekt der Kunst
und wird als Akt nun ungeniert
vom Bildbetrachterblick taxiert.

Doch Joschi ist's noch nicht gelungen,
aus seiner Sinne Niederungen
empor zur hohen Kunst zu schweifen.

Er, außer sehen, will begreifen,
will tasten, streicheln und erfassen,
sich nicht platonisch nur erbaun.
Er will mit allen Sinnen schaun,
ist zwar entzückt, doch bleibt gelassen
und seufzt ganz ohne Kunstrauschfieber,
„natura sind mir Frauen lieber!"

Norbert Leitgeb

Gaukler

Silbermond, du strahlst so milde
auf die Bank hier und Mathilde,
gaukelst schummrig dämmersüße
fleischeslüstige Genüsse
und verlockst so zu Geschehn,
wovor man, bei Tag besehn,
eher wohl die Finger ließe.

Norbert Leitgeb

Kunstwerk?

Das Kunsthaus erwarb, jubelt der Präsident,
von Rembrandt ein Bild, das noch kaum jemand kennt!
Doch bald kamen Zweifel dem Kunsthändler Truppe,
der ätzte, da schwämme ein Haar in der Suppe,
weil trotz Expertisen und viel Hin und Her
der Schinken von Rembrandt vermutlich nicht wär!

Entsetzt, wie von tausenden Teufeln besessen,
beforscht man das Bild drauf mit allen Finessen,
mit Lichtspektren, Röntgen und Farbenchemie,
mit Malstil- und Pinselstrichanatomie.
Man fand dann, der Maler hatt' Schnupfen und Gicht,
doch Rembrandt, der war es tatsächlich wohl nicht.

Die Kunstwelt war sprachlos, das Kunsthaus entsetzt,
da wurd' wohl um viel Geld danebengeschätzt!
Der Laie erstaunt, vom Genuss noch erfüllt,
„ja, zählt denn das Werk nicht, der Ausdruck, das Bild?
Was ist denn hier anders, wenn's Rembrandt nicht wär?"

Drauf lacht der Experte „sehr vieles, mein Herr!
Hier geht es um Knete, Gewinnmaximierung,
Erfolg oder peinliche Fehlinvestierung.
Ans Kunstwerk, mein Herr", hat er zynisch gelacht,
„ans Kunstwerk an sich hat hier keiner gedacht!"

Natalie Innerbichler

Dieser Sommer

Dieser Sommer war ein Sommer
wie ich ihn noch nicht kannte
da war soviel Regen und Donner
und er war untreu und rannte

Doch manches mal da schlug er
die Wellen zurück in Kindertage
roch nach so manchem Abenteuer
und schaffte heitere Sonnenlage

Nun hat er sich wieder verzogen
mit einem letzten stillen Gruß
in zartem Windhauch gewogen
gleich dem besten ersten Kuss.

Natalie Innerbichler

Im Oktober

Ich kann morgens immer noch draußen stehn
meinen Kaffee trinken und die Sterne zähln
und dann später an diesen Tagen, riech ich
ich weiß nicht was, ein Duft so bekanntlich

zaubert ein Lächeln auf mein müdes Gesicht
vielleicht ist es die Sprache die jeder spricht
und vielleicht ist da draußen irgendjemand
der die meine versteht, frei von Widerstand

denn ich will hier nicht nur nicht allein sein;
ich will ein weites Meer aus Tränen und Wein
will am tiefsten Grund nach Perlen tauchen
übers Wasser gehen und alles aufbrauchen.

Innerbichler Natalie

Dezember

Und schon ist es wieder Dezember
Spüre die kühle Schneeluft in der Nase
Der Wind fährt hart mir durch die Haare
Und von hier gibt es kein Zurück mehr

Da vorn klappern nur die kahlen Zweige
Der Fluss säuselt wieder mehr besinnlich
Die Stadt ergraut unter dem Abendlicht
Ganz eingemummt spielt da einer Geige

Und die abgetragnen Schuhe wiegen schwer
Vielleicht das knirschende Feuer im Ofen
Und die heiße Tasse Tee lassen noch hoffen
Doch ein Jahr ist fort und kommt nicht mehr.

Natalie Innerbichler

Nichts

Nichts ist mehr da wo es war
alles ist fort nicht mehr nah
nur noch fern von Monotonen
der sture Zweifel stahl die Kraft
dabei hielt nichts alles verblasst
selbst die schönsten Visionen –
Einzig der Wind ist treu ergeben
und trocknet still und stumm
                                    die Tränen.

Natalie Innerbichler

Einfach Leben

Ich wünsch es mir zurück
das einfache Leben
das einfach leichte Glück

ohne Einfachheit ist es gut
aber nicht leichter hier
nur etwas Leben ohne Glut

ein leichter Funke Hoffnung
im angefangenem Leben
an langersehnte Versöhnung

doch die Liebe die nie passiert
bleibt leicht ein Punkt
der einfach für immer friert.

Elena Zardy

Du bist wie eine zarte Rose

Du bist wie eine zarte Rose
dornenrot und so vertraut
ein sehnsuchtsvolles
Nach- dir- Fühlen
ein Glühen unter meiner Haut
Du bist wie eine zarte Rose,
die ich doch eben noch
gepflückt
Gedanken rasen
wollen von dir lassen
haben mich noch oft
verzückt
Du bist wie ihre Dornen
geheimnisvoll noch in der Not
Ich könnte über Gräben
wandern
lebendig schon und manchmal
tot
Und bist du doch wie eine Rose
dornrenrot und auch entrückt
Du bleibst mir eine zarte Rose,
die mich doch eben noch
beglückt

Elena Zardy

Niemals

Nie wehte der Wind rauher
über dein Gesicht
und deine Worte
wie Salz in meiner Wunde
Kein Lächeln mehr
an diesem stillen Tag

Elena Zardy

Nie wieder werd' ich dir vom Meer erzählen

Nie wieder werd' ich dir vom Meer erzählen
nie wieder halten deine Hand
nie wieder mit dir Stunden zählen
erinnern, was uns mal verband
Nie wieder wirst du meinen Namen sagen
nie wieder ein Nochmal erfragen
nie wieder mich am Tag begleiten
nie wieder Sorgen mir bereiten
Nie wieder wirst du unsere Welt erwähnen
nie wieder halten meine Hand
Ich konnte dir vom Meer erzählen
Du hieltest mich
ein Leben lang

Elena Zardy

Nie wehte der Wind rauher

Nie wehte der Wind rauher
über dein Gesicht
und deine Worte
wie Salz in meiner Wunde
kein Lächeln mehr
an diesem stillen Tag

Dieter Geißler

Blumen

Blumen blühen unscheinbar,
duften schön, sind farbenfroh,
wachsen ohne Rast und Ruh`.

Blumen sagen mehr als Worte,
sie zeigen Liebe, Trost, Dankbarkeit,
brechen gar manche Schranken.

Blumen, sie sind wunderschön,
gedeihen regenbogenfarbig,
geben der Schönheit ihre Gestalt.
Blumen sind Kraft des Lebens,
verzaubern die Natur.
Was wäre die Welt ohne sie?

„Blumen sind das Lächeln der Erde." *

* Ralph Waldo Emerson; amerikanischer Philosoph und Schriftsteller;
1803 – 1882)

Dieter Geißler

Klima im Wandel

Über Australien glüht die Sonne,
Hitze lähmt den Kontinent,
dichter Rauch schwängert den Himmel,
seine Wälder brennen.
Tier und Mensch sterben in den Flammen,
die Feuerwalze erfasst Haus und Flur.
Ruinen und verkohlte Bäume,
totes Land, wo hin man schaut.

Die Natur verändert ihr Gesicht,
der Zukunft Erde ist in Gefahr.
Dem Menschen fehlt Kraft und Mut,
um das Unheil zu verändern.

„Der Mensch macht die Erde kaputt."
schrieb Humboldt in sein Tagebuch.
Solang der Mensch das nicht begreift,
wird unser Planet allmählich untergehen.

Dieter Geißler

Dein Spiegelbild

Schau in den Spiegel,
sieh in dein Gesicht.
Schau in den Spiegel,
erkennst du dich?
Zwei Augen,
sie blicken dich an,
wollen in deine Seele seh`n.
Dein Spiegelbild ist wie du,
mal traurig und mal froh.
Lächelst du vor Glück,
schenkt es dir, eines zurück.
Vertraue deinem Spiegelbild,
es zeigt dir,
was du sonst nicht siehst.
Mit den Jahren
wandelt sich dein Bild,
macht dir klar,
was mit dir geschieht.
Nimm beherzt
den „Zwilling" an,
denn es ist DEIN Leben.

Claudia Castillon

Augenseelenwahrheit

Leuchtend wie ein Sternenreigen
herzumfließend, zart und stark
spür ich in meiner tiefsten Seele Wesen
deine Gegenwart

nimmst mit sicherer, starker Hand
meiner geschundenen Seele Pein
wäscht mit liebevoller Güte
mein Herz mir rein

ruhst in meinem Spiegelbilde
fern und nah zugleich
wirkst an dem verborgenen Orte
schenkst mich doch so reich

oh, wie schmerzt mir meine Seele
wär ich doch bei dir
bleib in demutsvollem Warten
ich alleine hier

Claudia Castillon

Das Tröpfchen

Ein kleines Tröpfchen konnt sich nicht halten,
und fiel hinab von der geborgenen Stätte,
doch während des Fluges begann's zu entfalten
die wundervolle Pracht seiner Farben,
die sonst nur verhüllt in der Blätterfülle,
ein wachsames Auge entdeckt hätte.

So fiel es sanft, von den Winden getragen
auf eine Wiese mit betörendem Duft.
Noch einmal schillerte es in prächtigsten Farben,
dass man konnte sich daran laben
und es verschmolz mit leisem Ach
mit dem Tau, den der Morgen gebracht.

So ging es ein in abertausende Tropfen
und bildete ein Tröpfchenmeer,
vereint im ewigen Strom der Gezeiten
und der Herrlichkeit der Natur,
bleibt immer eine Spur
und wächst im Neuen wieder heran.

Claudia Castillon

Du bist hier

Wenn ein Blatt vom Baume fällt
und dein Licht die Welt erhellt
so sanftes Lachen dir gezeigt
das große Bild der Ewigkeit

Auch wenn so manche Träne fließt
und sich der Schmerz aus dir ergießt
so sei gewiss es will bestreben
was das Leben dir gegeben

und wenn sich alle Träume füllen
und deine Sehnsucht wird sich stillen
so kommt an diesen deinen Tagen
die Antwort auf all deine Fragen

Mach deine Augen einfach auf
das Schicksal nimmt hier seinen Lauf
und sieh das Wunder der Natur
denn es ist Gottes Schöpfung pur

Claudia Castillon

Erinnerung

Wie still kann es doch sein
obwohl es ringsum lebt
ich ging so gern im Frei´n
nur Ruhe ich bestrebt

Das Knacken toter Zweige
hab ich im Ohre noch
war manchmal sicher feige
schlüpft gerne in ein Loch

Doch immer wieder zog es mich
in die geheimnisvolle Idylle
sah die Spiegelung des Lichts
in der dunklen Wasserfülle

Wie gebannt blieb ich dann stehen
konn´t mich nicht von der Stelle rühren
habe dem Spiel der Natur zugesehen
und konnte ihre Schönheit spüren

Claudia Castillon

Funkstille

Da sitzen wir
nesteln voller Unbehagen
an uns herum
nur weil keiner mehr
die Stille ertragen kann
die sich langsam
zuerst unmerklich
dann aber
auf unerträgliche Weise
sich ins Bewusstsein gedrängt
über uns hermacht

Wir schauen erwartungsvoll
in die Fernsehzeitung
sehnsüchtig
nach ein paar Puzzleteilen
des Lebens suchend
die uns abhanden gekommen sind

Wie praktisch
mit einem Knopfdruck
sogar die
noch-nicht-aufgeben-wollenden
Stimmen
auszuschalten

die Leere besiegen zu wollen
mit dieser schreienden
Lautlosigkeit

Wir haben unser Lachen verkauft
und suchen es
in fremden Gesichtern
so dass es doppelt schmerzt
daran erinnert zu werden

ein S-O-S schwebt durch die Luft
doch niemand hört es

es herrscht

FUNKSTILLE

Claudia Castillon

Früchte des Sommers

Wie beschwingend und wie lockend
dicht an dicht am Aste hockend
sich die Apfelknospen drängen
um dann die Hülle aufzusprengen

Wunderbarer Blütenregen
wird allsbald zum Lichte streben
die zarten Blätter werden weichen
um uns ihre Frucht zu reichen

Claudia Castillon

Heimkehr

Still vernehme ich deinen Ruf
glockenklar erwacht Erinnerung in mir
mein Herz weiß was dieser Klang bedeutet
und freudvoll in Gewissheit aller Dinge
kündigt reinste Stimme
in Erwartung der Erlösung an

Kelche voller Liebesfülle
werden Großen nun gereicht
wartend ehrfurchtsvoller Segen
um des Leibes sich geschart

Klangorchester himmelsnah
lassen leuchtend klares Sein
hoheitsvoll empfangen nun
und vollendend sich im Fluge
kehrt die Seele wieder heim

Claudia Castillon

Herbstgedanken

Es ist Oktober
die Sonne zieht nun tiefer ihre Bahn
und kündigt, jedes Jahr auf's Neue
die Zeit des Drachenfliegens an

Der Wind verirrt sich oft in Stürmen
und legt die Blätter langsam kahl
in den Ecken ballt sich das Laub zu Türmen
die Sonnenstrahlen leuchten nur noch fahl

Die letzten Vögel singen einsam ihre Lieder
nur wenige hat es hier noch gehalten
die Fortgezogenen kehren erst im Frühjahr wieder
um ihre Flügelpracht erneut dann zu entfalten

Claudia Castillon

Nanu

Leise
fast unhörbar
dringt ein seltsamer Laut
vor bis in mein Herz
Beinahe nicht bemerkt

so ehrlich und unumwunden
so bekannt und doch ganz fremd
so erfrischend und unvermutet

dass es einschlug wie ein Blitz

Ich liebe dich

Claudia Castillon

Verwundet

Groß ist die Sehnsucht
die verzweifelte Suche nach Beständigkeit
um den ausufernden Rangeleien um Macht
Einhalt zu gebieten

Zu schwer scheint die Last
zu hoch der Preis
für einen glücklichen Augenblick
verschwommen erahne ich
was ich längst schon weiß

Bitterer als die Erkenntnis
ist die Stille, die folgt
jedes Wort hallt hundertfach in ihr nach
und wieder das beklemmende Gefühl
versagt zu haben

Schutzlos preisgegeben
ausgeliefert
und das bange Warten auf Erlösung
je höher die Gefühle, desto tiefer der Fall
und von Fall zu Fall tiefer
verschlungen in einem Krater
der Bewegungslosigkeit

Starre
Stille
Ohnmacht

Wo sind die Schmetterlinge
die ihre Flügel sich in der Sonne wärmten?

Claudia Castillon

Herbstzeitlose

Die Vögel ziehen von dannen
und nehmen unsre Wünsche mit
hab den Kuss des Sommers eingefangen
dessen purpurne Farbenpracht betörend mich umgibt

In wehmütigem Erahnen der Stille
breit ich meine Flügel aus und schwebe davon
wie ein Heißluftballon im Himmelsnah
schau ich geordnete Streifen, in feines Netz versponnen

Über modrigen Wegen hallt mein Schritt
von scheuen Blicken begleitet
aus dem Dickicht sich im schutzumsäumten Raum
ein zartes Wesen lauschend zum Sprung bereitet

Claudia Castillon

Frühlingsbeginn

Die Wintertage verrinnen
es blühen Wiesen und Auen
unter dem Dach beginnen
die Schwalben ihr Nest zu bauen

Die Bauern bestellen die Felder
die Kinder jubeln im Freien
der Jäger pirscht durch die Wälder
wo süße Beeren gedeihen

Im Baume singt eine Meise
die Bienen fliegen umher
und summen sich, nicht leise
durch ein Weidenkätzchenmeer

Frau Spinne webt sehr emsig
an ihrem letzten Faden
und hofft dabei inständig
bald einen Fang zu haben

Claudia Castillon

Geständnis

Die Gänseblümchenwiese
dort am Bache bei den Weiden
war oft schon der geheime Platz
für meine stillen Leiden

Als Kind und junges Mädchen
blieb sie mir immer treu
oft wehte von den Feldern
der Wind den Duft von Heu

Doch später in der Wiese
war ich nicht mehr allein
ich traf mich mit dem Liebsten
am Bach beim Mondenschein

Da kamen zu den Geheimissen
noch einige hinzu
und schlummern bei den Weiden
in ewiglicher Ruh

Claudia Castillon

Manchmal

Manchmal
fühlt sie sich
wie eine Königin
und sie geht hinaus
mit ihrem allerschönsten Kleid

vergisst
was sie so oft sah
vergisst
wer sie einmal war
und dann malt sie sich eine Welt
in der was anderes zählt, als Geld

Manchmal
ist die Sonne wieder hell
und sie schaut mit offenen Augen
entdeckt
was sonst niemand sieht
versteckt das, was sie liebt
und dann fühlt sie sich geborgen
und glaubt wieder an ein Morgen

Manchmal sind die Tage auch ganz grau
und dann spürt sie den ganzen Schmerz
den sie glaubte zurückgelassen

Dann weint sie leise vor sich hin
sieht im Leben keinen Sinn
doch dann flüstert ihr jemand zu
das, was wichtig ist,
bist du

Manchmal
haben wir so viele Fragen
sind enttäuscht, verletzt, geschunden

wollen unser Leid bekunden
nehmen an die gereichte Hand
gehen barfuß durch den Sand
und wir wissen mit unseren Herzen
dass nur die Liebe befreit von Schmerzen

Claudia Castillon

Sehnsucht

Abendkühle
streift leise mein Gesicht
du bist fern
doch meine Gedanken weilen bei dir
stetig wie ein Wassertropfen
schlägt mein Herz für dich
ein Leben zusammen ohne Ende
das wünsch ich mir

Blau steigt der Dunst aus den Wiesen empor
die Vögel sagen mir
bald bist du da
und ich ringe mit der Einsamkeit
dein Gesicht sehe ich vor mir
ganz nah

Claudia Castillon

Wehmut

Gleich einem goldenen Faden
zieht sich die untergehende Sonne
an den letzten Grat des Berges entlang

und streift
ganz ungewollt
auch dein Gesicht
dass sich dem letzten Feuer des Tages
entziehen will

Du drehst dich um
geblendet durch einen Sonnenstrahl
der einen Weg durch das Geäst des Baumes
sich bahnt

Ich genieße diese laue Wärme
neige meinen Kopf
dem Lichte entgegen
und wünschte mir
dieser Augenblick würde nie vergehen

Claudia Castillon

Weihnacht

Im Garten steht der geschmückte Baum
hoheitsvoll und ganz allein
die bunten Lichter leuchten warm
verbreiten einen sanften Schein

Vom Hause her dringt starker Duft
er kommt wohl aus der Küche
und es erfüllen die ganze Luft
weihnachtliche Gerüche

Bei Kerzenschein und Orgelklängen
naht die Bescherung dann heran
und nach himmlischen Gesängen
fängt das große Schmausen an

Claudia Castillon

Winter

Im Winter stehe ich oft am Fenster
und schaue in die unberührte Schönheit
nach frischgefallenem Schnee
die Bäume, schwerbeladen
sehen aus wie Gespenster
am Zaun entdecke ich
die Spur von einem Reh

Die weiße Decke schimmernd
wie unendlich viele Sterne
läßt Felder, Wald und Wiesen
unter sich ausruhen
vor dem Haus steht einsam die Laterne
und hat vor Helligkeit nichts mehr zu tun

Das kleine Bächlein
sonst so sprudelnd munter
ist jetzt ganz starr
vor Kälte angefroren
die Kinder rasen kreischend den Hang hinunter
mit Eiszapfen an den Nasen
und roten Ohren

Die eisige Pracht bezaubert mich immer auf's Neue
und lässt mich ihre Macht zur Erinnerung spüren
doch so schön es auch ist
plagt mich keine Reue
wenn der Frühling kommt
mich zu verführen

Claudia Castillon

Entfacht

Mein Herz
ein Meer
aus hundert tausend Leuchtdioden
allesamt entfacht
wenn ich dich schaue
kopfüber baumele ich an einer Schnur
die zum zerreißen ist gespannt

Ich will die Schmetterlinge fangen
die tanzend schillernd
ihre Kreise ziehen

Hab Angst
die Schnur zu schneiden
könnt fallen ja
doch wenn ich's überlege
ist größer der Gewinn

Du kannst mich fangen
wenn du es willst
und dann
unter dem Baume liegend
Wolken zählen

Ingrid Baumgart-Fütterer

Völlerei

Kater Carossa und Kater Malz
haben 'ne Menge Ärger am Hals
seit sie über die Stränge schlagen
und mehr fressen, als sie vertragen.

Sie fressen alles, was kreucht und fleucht,
Spinnen, Käfer werden aufgescheucht,
nach Nahrung durchforsten sie den Wald,
auch vor Nacktschnecken gibt's keinen Halt,

Die Vogelnester räubern sie aus,
sicher ist vor ihnen keine Maus
und in Küchen schleichen sie sich rein,
stehlen dort Fleisch und Wurst obendrein.

Die Völlerei schlägt auf den Magen,
gemischte Kost sie nicht vertragen
ihre Untaten sich jetzt rächen,
die Kater müssen sich erbrechen.

Ingrid Baumgart-Fütterer

Revierkämpfe

Zwei Kater einander hetzen,
im Nu fliegen die Fetzen.
Sie sich zanken und raufen,
einander den Schneid abkaufen,
Schnurrbarthaare zerreißen,
die Kater sich verbeißen
in die Nasen und Ohren,
doch der Kampf scheint verloren
für jeden dieser beiden,
denn am Ende sie leiden
total abgekämpft vor sich hin,
fragen sich: „Hat das einen Sinn?"

Ja, nach dem Kampf ist bekanntermaßen vor dem Kampf.
Nur wer dieses Motto beherzigt, bleibt als Kater kampferprobt!

Ingrid Baumgart-Fütterer

Unverhoffte Wiederwahl

Rons Tage als Chef-Jäger sind gezählt,
gestern wurde der Kater abgewählt,
er ist den jungen Katern viel zu alt,
vielleicht segnet er das Zeitliche bald.

In das frei werdende Chef-Jäger-Amt
drängen die Jungen, aber wie, verdammt,
beinhart bekämpfen sich die Rivalen,
alle den Teufel an die Wand malen.

In Hauen und Stechen artet es aus,
darüber schüttelt den Kopf jede Maus,
letztlich sind alle derart angezählt,
notgedrungen wird Ron wiedergewählt.

72

Beatrix Jacob

Stolpersteine

Stolpersteine mahnen erinnernd vor schlimmen Kriegstreiben,
wie es der größenwahnsinnige Adolf Hitler mit Schergen,
einst mit Heintücke, Lügen und Intrigen vom Zaune brach,
dem arglosen Volk einen Überfall auf die Heimat suggeriert,
um sie zum Schutz der Heimat und Familie zu mobilisieren,
was so viele unschuldige naive Menschenleben hat gekostet,
selbst das eigene Volk hat er in den Schützengräben verheizt,
brachte auch viel Leid anderen Völkern in diesem Krieg.

In persönlicher Eitelkeit verletzt Hitler nach Rache suchte -
schürte er den ethnischen Hass und Vorurteile im Volk,
um zu erreichen Deportation, Arbeitslager, Mordbefehl,
nutzte den Mangel zensierend an Informationen aus,
wo die Menschen abhängig und manipulierbar waren,
die Informationstechnik noch in Kinderschuhen steckte,
wartend auf Nachrichten von Angehörigen an der Front.
darum bedenk es wohl, wenn du dein Urteil sprichst,
wo Menschen geopfert, für diesen sinnlosen Krieg.

Geboren in einer schlimmen Zeit,
jene Generation so sehr missbraucht,
gefangen im Tal der Ahnungslosigkeit,
unfassbar, unbemerkt die Grausamkeit,
bleibt Entsetzen und Fassungslosigkeit,
Schuldgefühl gegenüber Stolpersteinen,
wo man oft nicht über diese Schicksale -
war informiert und es nicht wusste,
in welches Elend man wurde geführt,
in diesen grausamen Kriegstreiben.

Ein Leuchten in so vielen Augen
Wiesenmarkt, Gedanken an Rosa,
wer war diese Frau, die sie kannten,
die so vielen war so sehr vertraut,
mit ihrem Stand mit Spitzenwaren,
wo blieb diese charismatische Frau,

einfach über Nacht leise verschwunden,
bis ein Stolperstein Klarheit verschafft,
es ist so grausam, unfassbar und bitter.

Erinnerungen an das Vier-Seiten-Gehöft,
wo diese Rosa einst einmal hat gelebt,
deren Wiesenhausstand war bekannt,
meine Kindheitserinnerung von einst,
an dieses graue Gemäuer lange danach,
machte mir mein Herz ganz leise bang,
ohne zu ahnen, was war hier je passiert,
das Geistergehöft wurde geschliffen,
es verschwand auch Rosa ihr Haus,
an sie erinnert, - ein Stolperstein.

Aus den Trümmern vieler Kriege,
wurde alles Baumaterial genutzt,
wo die Steine nicht viel krasser,
zu Bauwerken passen, Artefakte,
so eingepasst von irgendwo her,
Spuren zu finden das fällt schwer.

Jene Siedlung fernab der Stadt gelegen,
auf dem christlichen Prozessionsweg,
findet man hier vielleicht verschollen,
eine Deutsche Ordens Komturei doch,
auf den Spuren der Wiesenmärkte,
der als junger Ritterorden geboren,
obwohl es diese nach Tempelrittern -
und auch Johanniterorden später gab
auf den Spuren der Zeugen Literatur?

Aufgaben der Ritter waren vielfältig,
Pilger sicher auf dem Weg begleiten,
der Christianisierung Weg bereiten,
an die die Doppelkrone erinnert,
vielleicht der Vorgängerorden,
welche eine Krone auch symbolisch
als Darstellung verwendet haben,
die Tempelritter Spuren Wettiner.

74

Aufgaben des Deutschen Ordens,
sehr vielfältig vorhanden waren,
als Landvermesser und Verpächter,
vom Volke Gelder einzutreiben
und zu schützen das Gewerbegebiet,
in dem später auch Rosa hatte gelebt.

Artefaktbild gut beschrieben,
könnte doch ein Hinweis sein,
Krone, Helm, Balkenschild,
die Krone geschmückt mit
Efeulaub an beiden Seiten,
für Treue, Verbundenheit,
sowie für das ewige Leben,
im Gottvertrauen der Zeit,
drunter ein Helm der Zeit,
für jene Wehrhaftigkeit,
Rätsel die Doppelkrone,
der tapferen Krieger alle,
das Balkenschild erinnert.

Früher gab es in dieser Nähe,
in der Literatur gut vermerkt,
ein Rossplateau an der Quer-Furt,
wo plätschert munter der Bach,
umzingelt von Schrebergärten,
so wandelbar Spuren der Zeit,
die uns noch so vieles erzählen,
verschollen so manche Spuren,
der Siedlungsgeschichte hier,
doch an unser Kriegsopfer Rosa,
erinnert nun ein Stolperstein!

Beatrix Jacob

Erinnerungen an den Wiesenmarkt

Wiesenmarkttreiben, hat lange Tradition,
seit dem Mittelalter wusste man schon,
um Handel zu treiben sich zu bemühen,
das gelbe Haus verschollen in Esenstedt,
ersetzt durch einen späteren Neubau,
diente einst für allerlei Gewerbe hier,
im mittelalterlichen Handelsgeiste,
besann der Klerus sich dabei auch,
das Markttreiben auf Wiesenmärkten-
nicht nur zu nutzen als Handelsmarkt,
so zierten manchen Wiesenmarkt,
Ablasskapellen für Ablasshändler,
nach dem Motto der Geldeintreiber
„Wenn der Taler erst im Kasten klingt,
die Seele aus dem Fegefeuer springt."

So manche Ablasskapellen verschollen,
jene Wirtshäuser, die im Aberglauben,
zum Schutz ihrer Häuser vor Unheil,
Nischen hatten für den Schutzpatron,
für Querfurt war es der Esel, der bockte,
mit seinem Missionar heiliger Brun,
welcher war ein Hofkaplan bei Otto I.

Wiesenmärkte blieben Jahrzehnte erhalten,
es änderte sich das Wiesenmarktbild oft,
ein Anziehungsmagnet für die Bevölkerung,
für Händler und manchen Schausteller auch,
die Städte dehnten sich langsam auch aus.

Ältere Generationen schwärmen noch,
wie sie pilgerten sehr lange Wege,
zur gastlich Gemütlichkeit und Schwof,
hierher und um auf dem Töpfermarkt,
oder anderes bei Wiesenmarkthändlern -

zu bestaunen, zu erwägen, zu erstehen,
während Puppenspieler oft die Kinder,
inzwischen haben oftmals unterhalten.

Als Wiesenmärkte pausierten im Jahr,
so kam zwischendurch auch der Zirkus,
welcher auf dieser Wiese gastierte,
sehnsuchtsvoller Blick aus dem Fenster,
Kindheitserinnerungen an die Lichter,
mit dem Urgroßvater ich oft rüber lief,
treffend Udo Jürgens dazu sein Lied,
„Der Zirkus darf nicht sterben"
verbannt in das Reich der Erinnerung.

Beatrix Jacob

Traurige Wälder

Verschwiegen und verlassen scheinen sie,
Lebensräume für Wildtiere und Flora,
von einst geopfert krankem Zeitgeist,
wo der Mensch arrogant sich über -
selbst die Naturgesetze als Narr erhoben,
mit viel Bürokratie und voller Hysterie,
wird die Medizin, die ihm einstmals half,
im Kampf gegen gefräßige Borkenkäfer,
verboten, im Wahne für die Käferbrut,
Totes Holz, wo sie zahlreich brüten,
einfach nicht aus Wäldern entfernt,
dabei werden zerstört viele Lebensräume,
der Wildtiere und Artenvielfalt auch.

Was einst zierte unsere Landschaften,
voll Anmut und Schönheit der Wälder,
wird geopfert dieser Schädlingsplage,
gesunde Wälder für die Energiewende -
gerodet, dank zerstörerischer Ideologie
selbst das Regenwasser wird abgeleitet,
was die Natur selber dort sehr braucht,
verschwunden romantische Erinnerung,
vieler Schmalspurbahnen von einst,
wo der Weg führte durch viele Wälder,
welche tröstend - erheitern das Gemüt.

Überall von nah und fern tönt Klimawandel,
den es schon längst vor dem Menschen gab,
verschwiegen wird uns dabei sehr kalkuliert,
über die Klimawandelhysterie ermächtigt,
weil zeitgeistlich dies und das verboten,
gebrandschatzt für Kommerz, Profitgier,
zum Schaden unserer Naturressourcen,
auf der Strecke bleiben all unsere Wälder,
ohne wie früher ihnen helfen zu können,
betreiben wir verzweifelt Flickschusterei.

Wälder die einst ganze Generationen -
mit ihrer Naturgaben Fülle ernährten,
als wertvolle Wasserspeicher dienten,
ohne sie wird Wassermangel spürbar,
reinigen die Luft, im Gleichgewicht,
geben uns sehr viel Lebensqualität,
beschützen vor der Bodenerosion-
mit all ihren reichen Lebensräumen,
wo Wildtiere ihre Heimat haben,
seltene Pflanzen sehr üppig gedeihen.

Beatrix Jacob

Ein kleiner Grashalm

Gestern noch im Trubel des Lebens geschäftig,
hektisch und rastlos viele Ziele verfolgend,
heute schon ausgebremst geduldig auszuharren,
eine andere Atmosphäre, eine andere Welt,
wo man glaubt das Rad der Zeit blockiert,
den Pulsschlag des Lebens so ersehnend,
wenn zermürbendes Warten an der Seele nagt,
unglaublich - so viele Gesichter des Lebens,
in einem Krankenzimmer man hinterfragt.

Nie war vielleicht die Sehnsucht nach Freiheit,
nach dem Pulsschlag des Lebens sehr hautnah-
zu spüren und zu agieren so unendlich groß,
wenn die eigene Hilflosigkeit die Seele erdrückt,
der Geist von Trost und Hoffnung fern scheint,
wenn Selbstmitleid und Jammer dort regierend,
die Seele im Krankenzimmer seufzt erfrierend,
der Geist der Hoffung brüsk zurückgewiesen,
wenn die Seelsorge ist in weite Ferne gerückt.

Was gestern noch so sehr wichtig ist gewesen,
es ist den Blicken im Moment entschwunden,
wenn man am Fenster verborgen hinter Mauern,
Heilung ersehnend mit anderem Leid konfrontiert,
die Seele sich verloren in Einsamkeit wiegt,
dabei ein kleiner Grashalm am Wegesrand,
unbeachtet und doch so klein betrachtend,
in Momenten so viel Kraft ersehnend gibt,
wir mit dem Herzen wieder zu sehen bereit,
wir es wagen dem dunklen Geist zu trotzen,
dankbar für die Botschaft der Liebe sind.

Der kleine Grashalm avanciert zum Symbol,
voller Hoffnung und Verkünder von Leben,
er der selbstverständlich, so vergessen, so klein,
steht so unbekümmert da von seiner Mutter Natur,
gar wohlgenährt, unbeachtet am Wegesrande,
viele Menschen die achtlos an ihm vorübergehen,
unbekümmert wiegt er sich im Spiel im Wind,
tief sich die Spuren der Erinnerung eingravieren,
von dem tröstlichen Augenblick im Seelenschmerz,
eine Botschaft von Neubeginn und Zuversicht prägen,
wenn wir jene Kraft der Liebe verstehen zu nutzen,
da sie zeitlos und unendlich tief in uns selber ist.

Beatrix Jacob

Erinnerung an Sanddorndünen

Ostseeurlaub, wir Kinder freuten uns darauf,
mal mit dem K30 Campingbus mit Zelt,
mal festes Wohnquartier weit weg von hier,
genossen Fahrten mit rasendem Roland,
jener so einzigartigen Schmalspurbahn,
sammelten Muscheln gar zu Hauf,
den Sonnenuntergang sehr genießend,
umgeben von Wind und Ostseemeer.

Mystisch erschien die fremde Landschaft,
auf der Urlaubsinsel von Hiddensee,
jene unbekannten fremden Pflanzen,
die es galt für mich zu entdecken,
die Sanddorndünen zogen mich -
sofort in ihren Bann, Entdeckergeist,
der mich dafür alsdann bezwang,
diese Gaben von fremden Früchten,
mit vielen Fragen zu erforschen.

Beatrix Jacob

Werrawiesen

Am Ufer der Werra ist mein Herz zu Haus,
sehnsuchtsvoll der Blick nach Vertrautem,
auf die Werra manchmal so stürmisch rau,
manchmal friedlich gemächlich fließend,
Wildenten und Schwäne vorüber ziehen,
der Blick zum Türmchen hoch oben -
thronend von den Wäldern umgeben,
wo Mutter die Kindheitserinnerungen -
mit ihren Waldstreifzügen so prägten,
Jäger rasteten bei den Jagdausflügen,

mit Blick auf die Werra als Lebensader,
prägten große Tierliebe und Vertrauen-
Lebensräume der Wildtiere zu schützen,
das miteinander mit der Natur zu leben.

Die Werra mal stürmisch, mal sanft,
Lebensader auch für die Werrawiesen,
prägte sie die Artenvielfalt doch auch,
bahnte sich die Werra ihren Weg,
mit manch Kurve im Landschaftsbild,
brachte manch Paddelboote zum Ziel,
vom Badeturm sprang man früher,
in das erfrischende Nass der Werra,
war der Werra ihr Flussbett zu eng,
tat sie die Menschen mit Hochwasser -
nicht selten verdrießen und doch,
geliebt wurde die Werra alle Zeit,
wenn sie in strengen Wintertagen,
mit dem Eispickel zum Fischfang -
gingen in so karger hungriger Zeit.

Werrawiesen, sattes grünes Gras,
wo Pferde und Kühe gern weiden,
Pferde damals vertraute Erntehelfer,
heute Diener für den Freizeitsport,
verschmähen die Gaumenfreuden,
der Werrawiesen mit Artenvielfalt-
nicht, besser wie das Gras Einerlei,
wo da nicht mehr gedeihen können,
all jene Heilpflanzen und andere,
wie Knabenkraut, Taubnessel-
Schargarbe, wilder Mohn, Veilchen,
Schachtelhalm, Wegwarte -
reich gedeckt der Gabentisch -
an den Ufern der Werrawiesen,
mit der Artenvielfalt gesegnet.

Mal verwildert, mal gepflegt,
sind manche Werrawiesen,

an wilden Rosen oft verletzt,
habe ich mich da doch auch,
denn Liebe ohne Dornen,
die gibt es nicht, klang es -
in einem alten Schlagerlied,
es grüßt ein Gingkobaum,
auf einer der Werrawiesen,
erinnert mit seinen Blättern,
an die Wechselhaftigkeit -
auf unseren Lebenswegen,
vielleicht auch esoterische
Inspiration und Sehnsucht,
in verführbare Traumwelt,
auf der sehnsuchtsvollen
Suche nach der Harmonie,
mit der Schöpfungsnatur!

Werrawiesen und Artenvielfalt,
prägen so manche Erinnerungen
an ein harmonisches, intaktes
Landschaftsbild unzerstörbar,
die Buchsbäume gut gedeihen,
erlebbar geistige Zauberwelt,
durch das Erbe vieler Mythen,
so erinnert der Haselstrauch,
an die Wünschelrutengänger,
auf Spuren von Wasseradern,
eine so mystische Faszination,
der oft freie Gedanke erlaubt,
am Ufer mancher Werrawiesen,
ist so manches Herz zu Hause.

Daniel Presberger

Das Mutmachgedicht

Vergiss nicht die Dinge
die du hast gemeistert
wie du warst begeistert
als nichts wollt gelingen
Ausdauernd du warst

Hoffnung versteckt sich fern
und lässt sich nicht gern störn

Vergiss nicht Blickachsen
können alles ändern
und Trost kann es spenden
und Neues erwachsen
Unwissend du warst

Wenn Mut dir genommen
von mir kannst bekommen

Vergiss nicht den Rückhalt
den andre dir gaben
jedoch mußtest fragen
sodaß dir ihr Glück galt
Anhanglos du warst

Wenn es tut wirklich weh
wahre Freundschaft entsteht

Vergiss nicht die Tränen
die du dann gelacht, wenn
Zeit ward vergangen, denn
wozu sich noch schämen
Belanglos es war

Weitsicht lässt dich sehen
du bald wirst verstehen

Vergiss nicht wie wenig
es für dich hat gebracht
wenn du hast nichts gemacht
die Tage eintönig
Verschwendung es war

Trauer kann nur schaffen
mehr Trauer zu schaffen

Vergiss nicht das Schicksal
das dir hold gewesen
sobald du genesen
und Tat bezwang Trübsal
Belohnung es war

Jemand stets zu dir hält
für ihn bist du die Welt

Samira Schogofa

Warum

Meine Seele runzelt leise
auf eine unwohlsame Weise.
Ich muss mich völlig neu besinnen,
um dem Abgrund zu entrinnen.
Muss so manche Träume schreddern,
mich nicht in Trugbildern verheddern.
Muss jetzt die Welt von oben sehen,
um auch das Gute zu versteh'n.
Warum fehlt mir die Leichtigkeit
in dieser mir geschenkten Zeit?

Samira Schogofa

Staubig

Staubig - glaub' ich - ist mein Herz.
Wirbelnd tanzt es himmelwärts.
In Wolken tanzt sich's wunderschön,
um dann im Lichte zu vergeh'n.
Was bleibt, ist Asche auf den Wegen,
die Menschen wegzukehren pflegen.
Ich war doch einst Moment des Lichts,
mach' mich nun aus dem Staub ins Nichts.

Samira Schogofa

Salzflut

Manchmal kommen sie lautlos.
Salzig sammeln sie sich,
entflammen sie sich
und glitzern stumm im Augenwinkel.
Dann schlagen sie Funken
und kullern kochend
donnernd, brausend, stürzend,
die Seele durchflutend
Hinab, im freien Fall
und prallen tosend, hallend
auf so viele Narben
in Regenbogenfarben.

Samira Schogofa.

Abbitte

Es wäre angebracht,
sich aufzubäumen
im Abglanz der Lüge.
Sie dürfen nur so viel wissen,
wie sie wissen dürfen,
feixen die Führer.
Dabei ist alles Heile zerbrochen.
Wahnwitzig wandelt uns das Unheil an,
unmerklich, unbarmherzig, doch unaufhaltsam.
Benommen und beklommen
flehe ich um Fürsprache:
Darf ich meiner Schuld entkommen?

Marita Wilma Lasch

Vorgeschmack:
Gebet für Inter-nette Männer

Sie blühen – die betagten inter-netten Männer,
sind sie doch meistens des Lebens Kenner.
Fit und sportlich stellen sie sich dar.
Ich weiß nicht, ob dies ist wirklich wahr.
Sie golfen, sie segeln und sie wandern noch so gerne
und fahren mit der neuen Gefährtin auch in die Ferne.
Fast alle versprechen den Himmel auf Erden!
Lasst uns nur nicht neidisch werden!
Denn bestimmt wird einiges verschwiegen,
um nochmal ein Weibchen abzukriegen.
Nichts verraten sie von Tätigkeiten,
zu denen sie die Frauen wollen verleiten:
Denk nur an Waschen, Kochen, Putzen –
dafür sie wollen dich a u c h benutzen.
Um zu entflieh'n der Einsamkeit,
ist „mann" zu Verschleierungen bereit.
O Herr, gebe ihnen Wahrheit ein,
wofür wir wollen dankbar sein!
Aber ja: Wenn du suchst im Netz nach netten Kerlen,
findest du sicher auch einige „Perlen".
Hilfsbereitschaft und Zärtlichkeit ist ihnen zu eigen.
Manchmal sie sich auch mit Auto auf dem Foto zeigen.
Sie bieten tiefe und lustige Unterhaltung an –
so wie es halt ein jeder kann.
Frau kann sicher bei ihnen wohnen.
Er wird sie mit seiner Treue belohnen.
Nur Tiere sollte sie nicht lieben,
Er frönt lieber anderen verständlichen Trieben:
schon lange fehlte ihm der Sex.
Wahrscheinlich hat Schuld daran seine Ex.
Jetzt wird es Zeit,
dass eine Beziehung gedeiht!
O Herr, lass Schmetterlinge fliegen,
damit die Männer gute Gefährtinnen kriegen!

Marita Wilma Lasch

Die alte Dichterin im Herbst

O lasst uns munter dichten
unter Fichten
oder bei Pilzen unter Birken
lasst uns wirken!
Aber durch die Äste kann man wenig vom Himmel sehn,
deswegen müssen wir entspannt weiter gehn.
Schon stehn wir auf einer Lichtung.
Sie hilft uns nicht nur bei der Dichtung.
Frei kann jedermann sich hier fühlen,
muss nicht mehr in Tagesproblemen wühlen.
Viele Tiere kommen hier zu Gast
ohne anderen zu sein eine Last.
Der Himmel ist offen.
Wir können wieder hoffen
auf Transzendenz -
(nicht die Rückkehr des Lenz.)
Nur das Fehlen des Yang
Ist für die Yin trauriger Klang.
Aber es scheint die Sonne
zu unserer Wonne.
Und bald folgt der Regen
zu unserem Segen.
Ringsum in den herbstlichen Friedwald
Erfolgt doch unser aller Rückzug bald.

Marita Wilma Lasch

Die Flucht des Engels

Mein Engel kam geflogen,
ich sag es unverhohlen:
er flog gleich wieder weg –
o Schreck!
Was wollte er mir sagen?
Er könnte mich doch tragen!
Er könnte mich doch aufklären
und sanftes Verständnis gewähren!
O Schreck –
mein Engel flog weg!
Ich pflege Wohnung und Garten nicht mehr.
Das ärgert wohl meinen Engel sehr.
Auch auf mich gebe ich nicht mehr richtig Acht.
Das hat meinen Engel wütend gemacht.
Mal sehen, ob ich meine Trägheit überwinde
und meinen Engel wiederfinde!

Marita Wilma Lasch

Abhilfe

Leere Seiten?
Das wird den Horizont nicht weiten!
Oder doch –
ein gefundenes Loch?
Stellen Sie sich vor, hier stünde nichts
als Folge des strengen Urteils eines Gerichts,
dass nur die besten dürfen überleben.
Was für ein Weltbild würde sich dann ergeben!
Schon die guten wären aussortiert,
worauf mancher die Motivation verliert!
Nein – es muss jemand Gedanken finden,
um ein Gedicht hier einzubinden!
Dann ist die Seite nicht mehr leer
und die Leser/innen freuen sich hoffentlich sehr!

Maulhelden

Ach, was der Maulheld nicht alles verspricht –
nur halten tut er es leider nicht!
Musik zum Beispiel hat ein anderer falsch aufgenommen,
auf der CD sind zwei Stücke gleichzeitig angekommen.
Großspurig sagt er: „Das kann ich reparieren!"
Das Ergebnis? Die Betroffene tat die Aufnahme verlieren!
Oder bei einem Fest hat viele Fotos er gemacht;
er versprach, sie elektronisch dem Freund zu schicken.
Es wäre gelacht, wenn dies Versprechen gehalten würde:
offenbar ist das für ihn eine zu große Hürde!
Versprochene Bildsendungen kommen fast nie –
der Adressat muss einfach abschreiben sie.
Oft hat er bei Anrufen grad keine Zeit
und verspricht einen Rückruf – zu des Anrufers Heiterkeit,
denn das klappt selten oder nie.
Man müsste ihn wirklich legen übers Knie!
Und das ist auch schon vorgekommen:
Damit ist das gute Gewissen aber davongeschwommen:
Gute gebrauchte Kleidung wurde dem Führer im armen
                    Urlaubsland versprochen.
Und auch dieses Versprechen wurde gebrochen!
Bis hierher benützte er seinen Mund ohne Tat im
                    privaten Bereich.
Nun genannt werden Fälle in der Öffentlichkeit gleich:
Viele Politiker reden nur – ohne, dass folgen Taten!
(Wer alles das tut, können Sie jetzt raten!)
Oder: Anwälte versuchten, ihre Mandanten als Maulhelden
                    zu bezeichnen,
damit der Verdacht geplanter Täterschaft möge weichen.
Sind Sie ein Maulheld? Oder kennen Sie einen in ihrer
                    Umgebung?
Dann bringen diese Beispiele für die Diskussion Belebung!

Marita Wilma Lasch

Der Gartenriese

Gartenzwerge stehen in seinem prämierten Schrebergarten.
Aber SIE musste lange auf ihn warten.
Der Postbote hat vermittelt ihn,
guckte er ja täglich auf das Chaos hin:
der Vorgarten war zum Urwald geworden
und täglich machte mehr ihr Sorgen.
Sie war zu alt, um ihn zu richten.
Bei ihr reicht's grade noch zum Dichten.
Schwarzhaarig stand er plötzlich vor ihr (ohne Mütze) –
Ein ellenlanger Mensch, vom Sternbild ein Schütze.
Er versprühte ganz viel Energie –
vergessen wird sie diese Begegnung nie!
Nun rodet er Unkraut, reißt Wurzeln heraus
(und kümmert sich ums ganze Haus.)
Der Mann ist wirklich ein perfekter Gestalter –
und dies in seinem jugendlichen Alter (49).
Nur auf Kaffee will er nicht verzichten.
Die Päuschen lässt er sich aber bezahlen mitnichten!
Der Krafteinsatz lässt fließen ganz viel Schweiß,
ob's draußen kühl ist oder heiß.
Liebevoll pflanzt er manch' Pflanze um.
O nein – der Gartenriese ist alles andre als dumm!
Er denkt mit und gestaltet
bis Ordnung und Ästhetik waltet.
Ja – er ist einfach ein Multitalent,
das in seinem Einsatz kaum Grenzen kennt.
Auch hat er einen großen Unterhaltungswert:
Seine Zunge Vogelgezwitscher nicht verwehrt!
Eines die Grundstückseigentümerin weiß:
Dieser Mensch ist voller Ehrgeiz und Fleiß!
Wirklich zu empfehlen ist der 1 Meter 90 große Gartenriese
auch Nachbarn mit Hecken oder einer großen Wiese.
Der Mann ist auch vom Wesen her ehrlich und offen.
Dass er ihr „treu" bleibt, ist wirklich zu hoffen!

Marita Wilma Lasch

Der Exmann ist tot tot tot tot tot

5 Jahre lang ihr Kennenlernen währte;
in dieser Zeit so manches gärte.
30 Jahre haben sie zusammen gelebt,
10 Jahre davon hat die Ehe gebebt.
Doch dann musste sie sich retten
aus den krank machenden Ketten.
Sie waren dann 4 Jahre lebend getrennt
und dann geschieden - wie das Gericht
                          es nennt.
Als Geschiedener hat er einsam gelebt
                  11 Jahre lang.
In moll seine Lebensmelodie erklang.
Nach Unfällen und Operationen war er
                  gefesselt ans Bett.
Im Pflegeheim war nicht nur der sich
                  aufopfernde Freund nett.
Wie's zuletzt war, war es wirklich kein
                  erstrebenswertes Leben.
Aber auch ohne viel Lebensqualität konnte er
                  anderen etwas geben:
die eigene Hilfsbereitschaft zu stählen
und so den Weg zum Himmel zu wählen.
Ob er es wusste,
dass er bald sterben musste?
Unruhig sei er gewesen in der Nacht.
Dann hat sein Löwenherz nicht mehr mitgemacht.
Die aufwirbelnde Nachricht brachte auch der
                  ehemaligen Ehefrau Not.

Jetzt ist er tot tot tot tot tot

Marita Wilma Lasch

Aus – gelöscht!

Mit dem Vater fing der Tod an.
Auch der ältere Sohn, ein Medizinprofessor,
ihn nicht retten kann.
Er stirbt auf der Intensivstation ohne die Mutter.
Für sie ist das trauriges Seelenfutter.

Einige Jahre muss sie noch ohne ihn ertragen,
hat keine Kraft mehr, alleine Leben zu wagen.
Bevor der jüngere Sohn, ein quer eingestiegener
Musiklehrer, ein Seniorenheim findet,
sie nicht mehr viel an diese schaurig-schöne Erde bindet.
Allein sie dann im Krankenhaus starb.
Auch dieses Geschehen nicht für's Sterben dort warb.

Viele Jahre wütete anschließend das Leben
bei den Brüdern. So war das eben.
Zunehmend nahmen sie weniger am Leben des anderen teil,
irgendwie hatte sich gebildet ein Keil.
Von Lügen, Demut und Hochmut könnte man berichten;
Doch es ist schwierig, die Wahrheit zu sichten.

Jedenfalls starb der Ältere – kinderlos – mit 76 Jahren schon
ohne dass die zweite Frau gab dem Jüngeren die Information.
Die näheren Umstände sind nicht bekannt,
sie wurden im Internet nicht genannt.

Und was ist mit dem letzten – auch Kinderlosen – geschehen?
Auch er musste vier Jahre später in den Himmel gehen.
Seine Gesundheit war schwer ruiniert,
er hatte auch zu viel in die Götterdämmerung gestiert.
In einem Pflegeheim ist er seinen Leiden erlegen.
Gott hat es gefallen, diese Familie wegzufegen!
Aus-gelöscht hat er ihre Lebenslichter.
Erinnerungen pflegen Helfer und der Dichter.
Ganz innen bleibt der Docht

mit eingeritzten Worten: Wir haben ihn gemocht.
Und aus tiefem Herzen Dank wir sagen,
denn seine Flammen vermochten uns zeitweise zu tragen.

Was folgt? Wir müssen weiterleben!
Das wirft die Frage auf vom endgültigen Vergeben.
Die ganze Familie möge in Frieden ruh'n.
Und wir alle sollten immer das Beste tun!

Marita Wilma Lasch

Beerdigung

Das wurde bei der traurigen Berichterstattung
   noch vergessen:
Die Würmer bekommen mit der Beerdigung nichts
   zu fressen:
Die Erdbestattung ist zu teuer,
deswegen legt man den toten HWS zuerst ins Feuer.
Ob er dies wollte oder nicht,
fällt dabei nicht mehr ins Gewicht.
HB hat eine schöne Urne ausgesucht,
das Bestattungsinstitut hat sie gebucht.
Jetzt kommt ein evangelischer Pfarrer ins „Spiel",
von dem man sollte halten viel:
er war sofort bereit, den Katholiken HW auszusegnen
und zu begraben. Nicht überall kann man solcher
   Toleranz begegnen.
HB war im Leben, teilweise zusammen mit dem jungen
   Freund LB, dem Verstorbenen sehr hilfreich und nah,
jetzt man ihn als fähigen Organisator sah.
Natürlich die verbindende Musik dazu gehörte,
auch HWS' Wunsch nach Wagners Trauermarsch
   er erhörte.
Das „Ave Maria", hier nicht von Schubert, sondern
   von Bach/Gounod
hätte gemacht HWS froh.

Kongenial entlockten HB (Cello) und Freund RB (Violine)
    ihren Instrumenten ergreifende Töne,
damit man mit ihnen die Feier verschöne.
Auch die Orgel wurde eingesetzt.
Wie sind doch Leben und Tod vernetzt!
Und das Blumenmeer
erfreute alle sehr.
Die letzte Ehre zu erweisen,
taten viele Weggefährten zur Beerdigung anreisen.
Zum würdevollen Abschied haben sie sich
    dankenswerter Weise Zeit genommen.
Die Witwe MWL hatte Gründe, nicht zu kommen.
Sie wird an HWS und die Trauergemeinde denken,
Gebete werden ihr und den am Grab Trauernden
    Trost schenken.
Jetzt Erde die Asche von HWS bedeckt -
bis Gott ihn auferweckt.

Marita Wilma Lasch

Zweizeiler-Ode: Über das Papier (bei mir)

1 Zuhause bei mir
befindet sich überall Papier!

2 Wo ich steh' und geh'
in der Wohnung Papier ich seh'.

3 Dies ist Reim Nummer drei, (nicht) vier:
meine Tapeten sind alle aus Papier.

4 An der Wand: z.B. ägyptische Papyrus-Bilder;
früher war ich darauf wilder.

5 Mehr Bilder meiner Mutter hängen an den Wänden –
schöne Motive und Papiersorten dienten ihren Händen.

6 Handgeschöpftes Ingres und Bütten wären da zu nennen –
vermutlich Sie diese edlen Papiersorten kennen.

7 Ohne – ü b e r a l l – Bücher aus bedrucktem Papier,
wäre das Leben nicht vorstellbar mir.

8 Auf dem Esstisch liegen Stapel von Zeitungspapierseiten,
die ich irgendwann will – z.B. als Collagen – weiter verarbei-
ten.

9 Bisweilen Papier-Tischdecken sind zu empfehlen –
man kann zwischen vielen Mustern wählen.

10 Und die vielen Variationen von Papierservietten
unsere Vorfahren bestimmt auch gut gefunden hätten.

11 Auf dem Couchtisch haufenweise Papiere mit Notizen lie-
gen, die darauf warten, ihre Zuweisung zu einem Thema zu
kriegen.

12 Gestapelt sind Kataloge im Gästezimmer –
    leider erinnern sie mich an die Regenwaldzerstörung immer.

13 Das durch Corona berühmt gewordene Klopapier
    gibt es selbstverständlich auch bei mir.

14 Papier-Taschentücher sind praktisch sehr,
    deswegen kaufe ich immer etwas mehr.

15 Papierhandtücher benutze ich nicht;
    für mich und Gäste sind textile Handtücher Pflicht.

16 Die Papier–Küchentücher sind sehr wichtig –
    da kann ich (nicht nur) aufsaugen nächtliche Hundepfützen
    richtig.

17 Der Kaffee-Filter wird gebraucht täglich –
    der Preis dafür ist für den Hersteller kläglich.

18 Die Verwendung von Butterbrotpapier ist wohl geworden
    selten, Alu-Folie eröffnet modernere Welten.

19 Zwei Papierkörbe sind ständig übervoll,
    signalisieren, dass in die Papiertonne ich sie bringen soll.

20 Papiergefüllte Ordner hab ich über hundert;
    darüber haben sich schon meine Schülerinnen gewundert.

21 Eine Dokumentenmappe mit Papieren
    darf ich keinesfalls verlieren.

22 Ohne viel (einseitig) unbeschriebenes Schmierpapier geht es
    nicht – nicht einmal bei diesem Gedicht!

23 Im Schreibtisch ist dann noch Tonpapier,
    das hole ich zum Basteln mir.

24 Das geht auch mit japanischem Origami-Papier gut;
    vor Könnern damit ziehe ich den Hut.

25 Jetzt geh' ich in den Keller und suche Schmirgelpapier,
denn das gehört ins Handwerker-Revier.

26 Hier stehen auch x Kartons mit Papieren und alten Briefen;
alles will ich bearbeiten; letztere nicht davonliefen.

27 Auch eine Modeschau mit Papier-Kleidern habe ich gesehen
– allerdings würde ich nicht damit auf die Straße oder zu
Events gehen.

28 Auf folgende Informationen aus dem Internet bin ich stolz:
Papier besteht aus Zellstoff, Altpapier und vor allem Holz.

29 Die Erfindung des Papiers wird dem Chinesen Ts 'ai Lun
offiziell zugeschrieben. Das ist 106 nach Christus gewesen;
da fing der Mensch an, das Material zu lieben.

30 1056 wird die erste Papiermühle in Spanien genannt,
erst 1390 wird eine solche in Deutschland gekannt.

31 Ein „Tag des Papiers" war plötzlich meine Idee –
aber es gibt ihn schon (10. Januar), wie ich im Internet seh'

32 Ein Geheimnis noch ich verraten kann: Sehr oft vertraue ich
mich vor Eingabe in den PC dem Papier an.

33 Das Papier hört mir zu und lässt mich dann Kritzeln.
Jetzt höre ich die Leserinnen und Leser witzeln!

34 Was wird nicht alles gedruckt auf Papier!
Das können sicherlich alle bestätigen hier.

35 Vom Papier bin ich besessen.
Ich hoffe, ich habe hier nicht zu viel vergessen!

36 Bevor ich nun komme zum Schluss,
ich noch Folgendes zum Papier sagen muss:

37 Ärmer und dümmer wäre die Menschheit ohne dich, Papier
oder: Ohne dich kann ich die Welt nicht vorstellen mir!

100

38 Vorsichtig muss ich sagen deswegen: Die Papierentwicklung
   war ein Segen!

39 Papier: Ich habe dich sehr gern,
   Kritik an dir liegt mir recht fern.

40 Nun, liebes Papier,
   danke ich dir!

41 Die Zeit war doch zu kurz bemessen:
   „Papier ist geduldig!" hab ich vergessen!

PS Bis 50 hab' ich 's nicht geschafft.
   Ich brauche von anderen Papierliebhabern Zusatzkraft!

Josef Wehinger

Lebensleiter

Das Maß unserer Zeit ist der Naturrhythmus,
er ist das allumfassende Ordnungsprinzip!
Der Mensch aber denkt, dass er da nicht mit muss,
dass es diese Ordnung, überhaupt gar nicht gibt!

Unsere Freiheit zwingt unser Handeln gegen die Natur,
wir wollen mehr haben und sein, als die vor uns waren,
im Handel, in der Industrie, ja selbst in der Kultur,
und kaum jemand will, die Zufriedenheit erfahren!

Der Takt der Gesellschaft, der muss sich ändern,
die Existenz als Wettlauf, das soll es nicht geben,
die Verantwortung bröckelt von dem Spitz zu den Rändern,
als gäb es keine Zukunft, kein künftiges Leben!

Das Übertriebene, das Überzüchtete, die Ökonomie,
dem Kaufrausch, dem Besitzen, gilt unser Streben,
Chemie Konzerne, in Gewinnsucht, töten die Ökologie,
das dient nicht der Schöpfung, nicht dem Überleben!

Ausstieg oder Kollaps; die geltende Wachstumslogik,
wir sollten immer mehr und mehr noch verbrauchen,
so, dass die Vernunft, als Leitwährung tot ist,
aber gerade die ist es, die dringend wir brauchen!

Wir genießen, überziehend, die gegebene Freiheit,
niemand will zurück, die Devise lautet weiter,
der Drang, immer mehr, auch in unserer Freizeit,
als gäb es kein Ende von der Lebensleiter!

Wir sollten uns dem Zyklus der Natur überlassen,
aber wir föhnen dem süßen Laster, der lässlichen Moral,
wer denkt schon daran, sich der Natur an passen,
das schafft erst dann ndlich, ein tödlicher Knall!

Josef Wehinger

Das Spiegelbild

Ach wie schön und freundlich wirkt das Lachen,
lachen und lächeln öffnen Tore und Pforte,
versuche es viel öfters das möglich zu machen,
das verändert dein Denken, die Wahl deiner Worte.

Beim Lachen vergisst du anderen weh zu tun,
du selbst, deine Umgebung, sind fröhlicher dann,
dein lachendes Freundlich, wird in den Herzen ruhen,
die Mitmenschen hängen sich an deine Freundlichkeit an!

Ein Gesicht das sich freut kann leuchtend sein,
was Fröhlichkeit tut, gerät immer gut,
auch die traurigen Gesichter erhellt dann dein Schein,
dir selber ist es nützlich, den Andern bringt's Mut!

Wenn Missstimmung in deine Nähe ist,
dann zeige deine freundliche Heiterkeit,
wenn deren Seele zur Freundlichkeit fähig ist,
so schlüpfen die Andern dann in dein Kleid!

Das freundlich sich zeigen, das lässt sich üben,
den Mitmenschen gegenüber fast Menschenpflicht,
mit einer Mine, einer traurigen trüben,
das spiegelt sich auch in dem anderen Gesicht!

Ein trauriges Gesicht, das ist auch ansteckend,
missgünstiges wie Hass, Geiz und Neid,
was dabei sich zeigt, dass ist erschreckend,
und stülpen nach außen, ihr Seelenkleid!

Gute Laune zu bieten, heißt auch Empfangen,
mit lachendem Gesicht jemand begegnen,
so kann man bejahende Zustimmung erlangen,
dein Umfeld das würde, am liebsten dich segnen!

So bietest du den Menschen dein Spiegelbild,
dein Spiegelbild werden die Menschen erwidern,
schlecht gelaunt zeigt man sich barsch ja gar wild,
so ein Erscheinungsbild, haben die Menschen nie gern!

Josef Wehinger

Der Mammon

Machst du das Geld zu deinem Gott,
es wird dich wie der Teufel plagen,
du verfängst dich nur in einem Komplott
des Teufels, dem solltest du entsagen!

Wer den Wert des Geldes, erkennend, ernst nimmt,
wer von den emotionalen Werten des Lebens weiß,
der ist nicht vom Statusdenken allein bestimmt,
der erkennt den Zweck des Geldes, kennt den Preis!

Wer sich immer nur mit anderen vergleichen will,
der wird, anhaltend, vom Teufel geplagt,
weil der immer mehr als der Andere erreichen will,
der wird von seiner Unzufriedenheit nur noch gejagt.

Das Statusdenken geht dermaßen in's Geld,
dass selbst ein hohes Einkommen nicht genug ist,
so, dass der Seelenfrieden dem Teufel verfällt,
weil das immer mehr Wollen, nur Selbstbetrug ist!

Josef Wehinger

Streben ist wichtig,
nur Strebern ist nichtig!

Wie ist es um den Mensch bestellt,
der einzig nur dem Sprichwort frönt,
dem Sprichwort nämlich „Zeit ist Geld"
alles Andere glaubt er, sei verpönt.

Die Zeit jedoch, sie ist sein Leben,
hätt er das endlich nur verstanden,
er könnte statt nach Geld zu streben,
die Zeit auch in Muße umverwandeln.

Was das Leben ihm auch abverlangt,
was wir dem Guten herzlich gönnen,
was die Zeit zum Leben anbelangt,
die sollte der erkennen können.

Und wenn vom Reichsein er geträumt hat,
hat er vom Sinn des Lebens falsch gedacht,
dass er durch Muße etwas versäumt hat,
dann hat ihm das nicht viel gebracht!

In diesem Drang, in diesem Streben,
wird man den Wert des Lebens übersehen,
wo liegt denn auch der Wert des Lebens,
er liegt im häufigen in sich Hineinzugehen!

Im Alter erst, wird ihm erkenntlich,
die Muße wäre das Seelenleben,
weil auch sein Leben das ist endlich,
zu spät erkennt sein falsches Streben!

Josef Wehinger

Schickung

Es ist gut, ein Ereignis, Schicksal zu nennen,
ein Geschehnis, das wir nicht ändern können.
Man steht dabei vor der begrenzten Realität,
so, dass alles Bemühen in das Stocken gerät!

Man kann es leichter akzeptieren, sich zu ergeben,
als gegen menschliche Widersacher zu bestehen!
Während Übles, hinter dem wir böses vermuten,
da wähnen wir uns schnell an des Spießes Ruten!

Während der Glaube an das Schicksal, entlastendes hat,
weil man darin erkennt, dass war kein böses Attentat,
der Fehler zeigt sich darin, wir haben falsch geplant,
dass man durch kluges Vorausschauen, Besserung erahnt.

Es ist sinnvoll, etwas als Schicksal zu benennen,
wenn wir darin das Unabänderliche erkennen.
Aber, wir wissen unser Plan hat den Umstand gedrechselt,
wir haben die Fehlplanung mit Schicksal verwechselt.

Es kommt, in unserem Leben, immer darauf an,
was ist unsere Erwartung, was ist unser Plan,
ergründe deine Absicht, sei dabei nicht achtlos,
dann bist, gegen ein Schicksal, du auch nicht machtlos!

Josef Wehinger

Die innere Stimme

Dass man sich besinne - auf die innere Stimme
Unsere innere Stimme wird immer leiser.
Bei den Meisten ist sie chronisch, heiser!
Nur weil im Trubel wir verweilen
vermag sie uns nicht mitzuteilen,
was dringend sie uns sagen möchte
und was uns zur Besinnung brächte!

Unsere innere Weisheit diese kluge Substanz
Verliert ihren Sinn, eben darum, fast ganz!
Wir werden berieselt, beschallt, informiert
Bis man das eigene „Selbst" daraufhin verliert!

Der göttliche Funke, die unsterbliche Seele
Die, treu und geduldig, uns gerne erzähle
Die Verbindung, leider, die sei gestört,
so, dass man sie eben darum nicht hört!

Im Lärm unseres Lebens sei sie untergegangen
Deswegen sei es ein schwieriges Unterfangen
Wegen der, permanenten Geräuschkulissen
Wir sie inzwischen, leider, nicht mal vermissen!

Grad weil diese akustischen Umweltverschmutzung
Der Grund dafür wär' für die Stimmennutzung!
Sei reduziert und geschrumpft unser Feingefühl,
wir seien zu abgestumpft und auch zu kühl!

Doch wir, dieser Stimme, nicht mehr bewusst,
bezahlen das bitter durch Konzentrationsverlust!
Den Medien kann das sehr leicht, heute, gelingen,
die Gegenwehr hieße; „Sich zu Besinnen
– hör auf deine Stimmen!"

Josef Wehinger

Fragen ohne Antwort

Wir stellen zwar die richtigen Fragen,
über das Zeitgeschehen und die Strukturen,
einer Antwort aber müssen wir entsagen,
und geraten so auf eine falsche Spur!

Unsere Systeme greifen ineinander,
man nennt es das Heute und den Fortschritt,
wie aber sind die Menschen zueinander,
da hat das Materielle dann doch den Vortritt!

Wir sind in einem Paradox verfangen,
in der Diktatur anhaltender Beschleunigung,
so, dass wir an den Punkt gelangen
und der heißt System-Bereinigung!

Gegen die Gewinnsucht und das Rationalisieren,
stehen unsere privaten Prioritäten,
weil aber die es sind die stets verlieren,
wenn wir denen nur zu dienen hätten!

Wer unsere Zeit regelt, der regelt unser Leben,
im Privatsein und der Lebensplanung,
zwangsläufig muss sich daraus ergeben,
was uns lähmt ist die Systemverzahnung!

In dem Gefühl von unserem Zeitwohlstand,
rührt unbewusst sich ein Verlangen,
weil durch den geschaffenen Zeitnotstand,
wir in Bedrängnis nun gelangen!

Verpönt ist die gelebte Langsamkeit,
wer Zeit hat macht sich schon verdächtig,
der Druck gibt die Gewinn-Ergiebigkeit,
und dieser Druck ist übermächtig!

Unsere Gesellschaft die man funktionalisiert,
der Neoliberalismus schafft die Monopole,
aber Bildung, Kultur und, soziales signalisiert,
das dient der Ökonomie, den Eliten zum Wohle!

Soll Zeit man sparen - oder soll man sie leben,
ein Umdenken, dem gemachten Druck entsagen?
Moralische Skrupel werden sich nicht ergeben,
weil kapitalistische Mächte keine Skrupel haben!

Josef Wehinger

Digitale Zeiten

Was wir so sehr lieben - so sehr erstreben,
genau so ergibt sich - unser künftiges Leben!

Was täten die Menschen wenn sie kein Smartphone hätten,
würden sie dann wieder miteinander reden?
Fänden wir wieder zurück, zu jenen Prioritäten,
wie es einst war, zum geselligen Leben?

Den Umgang, mit dieser Technik, haben die Meisten erlernt,
und beschritten den Weg in die Unmündigkeit,
vom realen Leben schon sehr weit entfernt,
im Zugzwang einer physischen Abhängigkeit!

Das scheinbar so wichtige, was uns gelüstet,
die Verhaltensreize, das Süchtige, ist schon skurril,
aber, was soll's, wir sind Digital aufgerüstet,
und handhaben es wie ein Gesellschaftsspiel!

Das Fühlen und Denken an die Natur das erstirbt!
In Zügen, am Gehsteig, ja selbst auf den Stufen,
ja eben, wenn so ein Gerät man schon erwirbt;
„hab ich etwas versäumt - wer hat angerufen" ?

Ja selbst beim Opernball, im Parkett, in den Logen,
man glaubt dieses Ereignis ließe das Gerät vergessen,
aber nein, man ist der Gewohnheit gewogen,
ja selbst beim Tanzen, ist das nicht vermessen?

Wo immer wir sind, auch wenn das Umfeld wir stören,
wir haben ein Smartphone und das setzten wir ein,
dieses Wunder der Technik, auf das einzig wir schwören,
scheint der Sinn unseres Lebens, und das fast allein!

Smartphones und Tablets durchziehen den Alltag,
man ist permanent Online, man ist verbunden,
dieses Universalgerät scheint uns ein Auftrag,
um unsere Fortschrittlichkeit zu bekunden!

Das alles das ist unser neues Normal,
es verändert unser Leben, es macht uns narzisstisch,
die Mitmenschlichkeit, die unterliegt dem Zerfall,
die neue Zufriedenheit ist dafür charakteristisch!

Josef Wehinger

Augenblicke

Will dich ein Augenblick verdrießen?
Es gelingt dir nicht, ihn zu genießen?
Sag „Augenblick bleib doch stehn,
ich will dich, mit meiner Seele, sehn".
Du bist nur einer, von sehr sehr vielen.
Warum will ich gerade auf dich zielen?
Ich will dich mit meinem Geist zerpflücken,
nur so, denk ich, kannst mich beglücken!

Ein Augenblick könnt schönes bringen
es müsste einem nur gelingen,
dass man, mit entsprechender Innensicht,
den Augenblick verinnerlicht.
Alsdann könnt es der Seele passen,
mit Herz und Geist ihn wirken lassen.
Und dann, das komfortable Innenleben,
der Außenwelt zur Ansicht geben.

Augenblicke II

Such einen Augenblick für die Gefühle
geh in die Natur, suche die Stille!
Dort kannst du bei dir selber sein,
genieße die Stille, atme sie ein.
Fühlst du dabei ein warm Empfinden
sollst mit Bewusstsein das verbinden!
Das ist ein Augenblick der dir sagt,
dass das Schöpfungswunder dir behagt.

Man kann auch beim Spazierengehen
viel sehen oder übersehen.
Denk einmal nur mit deinen Augen,
dann siehst du Wunder, kaum zu glauben.
Nun geh hinein in das Empfinden
dies an Herz und Seele fest zu binden.
Lass die Gefühle dir bewusst sein
übergib sie deinem Unterbewusstsein!
Verpacke dies nun als Glückspaket
das ist ein Augenblick der nie vergeht!

Ivelina Schäfer

Es gibt viele Worte...

Es gibt viele Worte, unausgesprochen...
In dieser Welt zusammengebrochen
Viele Gedanken tauchen jetzt auf
Doch das Schweigen hört einfach nicht auf

Viele Gefühle schenkt uns das Leben
Damit zu umgehen, müssten wir lernen
Umgeben von Menschen, und doch so allein...
Und blutet die Seele, es bleibt alles geheim

Versteckt sind die Tränen
hinter ein lächelndes Maskengesicht
Und so wird erfüllt der tägliche Pflicht
nichts groß zu erzählen oder erwähnen

Und egal in welchem Alter
geht die Suche immer so weiter ...
nach Liebe, Geborgenheit und Frieden
für alle und diejenigen, die wir lieben

Marko Ferst

Helle Mondnacht:
60. Breitengrad

Gemauerter Balkon
über Ahorn- und Birkenschirmen
jetzt sichtbar
ganz voll, der Mond
zwischen zwei weißen Ziegeltürmen
behauste Quartiere
Drähte von Dach zu Dach
die ihn umgarnen
unter Blätterwogen
tief unten
der Pfad behellt

Hier duftet der Flieder
noch am Julianfang
Kronenspitzen, Blätter
Schattenspiele
an Zimmerwänden
Hände auf Haut
Küsse hinter Gardinen
einzelne Fenster halten vor
das Licht
bis die Nacht
erste Morgenstreifen empfängt

Sankt Petersburg, Juli 2017

Marko Ferst

Heißer Tag

Schnee im August
bizarres Flockentreiben
aus Erlenhöhen
Ferienkinder
hoffen auf Münzobolus
als Wärter von Schleusen
flatternde Stäbe aus Tiefblau
flügelschlagend unterwegs vielerorts
selbst das Versteck des Postboots
läßt sich aufspüren
Fließe um Fließe
ohne Karte ein Irrgehen
eine hellbraune Bisamratte
schwimmt ins Uferschilf

Wie kann hier ein Schuß fallen?
der Irrtum klärt sich
als der Stamm knackt
zu Boden bricht
womöglich gaukelt
diese eine Diestelart
die Frostlage vor,
versendet ihre Samenfracht
über Kronen hinweg
in der Abendwärme
saugen Stechrüssel
ihren Tribut

Spreewald bei Lübbenau

Marko Ferst

Tanka

Vorwärts treiben uns
die ersten Paddelschläge
der Regen beginnt
unter der Brücke warten
später Septemberwärme

Marko Ferst

Steinzeiten

Ein ganzer Reisebus
mußte von der Route abzweigen
hin- und herlaufen
auf kürzester Distanz
abnorme Bewegungen
niemals sehnt man sich so
nach einer Spritze

Trügerisch die zwei Monate
ohne Beschwerden zuvor
den Urlaubsbeginn
paßte er punktgenau ab
wundersame Zäpfchen halfen
nächste Tage durchzustehen

Das kleine Sieb
fing nichts auf
die Analyse blieb offen
nach einer Bergwanderung
währte die beschwerdefreie Phase
über zwanzig Jahre

116

Als es aus dem Nichts
wieder anfing nachts
seitlich in Nierenhöhe
das Pochen und die Pein
ahnte man gleich
was die Stunde anzeigte

Im Körper
der eingefädelte Schlauch
forderte schnelle Wege
zum gewissen Ort
möglichst außer Blick nehmen
den blutigen Sud
in der Narkosezeit
entging das harte Nierengewächs
den Fängen des Operateurs

So bleibt die Aussicht
nicht so schnell
besser nie mehr
möge Nachwuchs
von sich reden machen
man selbst
auf Klinikfluren irren
kolikgeplagt

Marko Ferst

Reise

Viele lose Enden
in den Versuchslaboren
experimentelle Weite
in den lyrischen Silhouetten
immer an den
eigenen Wortströmen entlang
tasten ins Unbekannte
auf der Suche
nach Ankerpunkten
gefallender Zeilen
magisch Sinn binden
nicht verraten
die eigene Vision
Gedicht und Gedacht mischen

Zugänge schaffen
im Spalier der Lesenden
keine Irrgärten anlegen
Jean Gebsers Aperspektive
in Sicht nehmen
keine Rückfälle
in frühere Bewußtseinsstadien
sie nur durchdringen
zu höheren Sphären
aber manchmal
wie ein Chamäleon
fremde Texturen imitieren
mit dem eigenen Stil
ein paar Brocken Reminiszenz
oder doch Schlupflöcher
zu etwas Neuem?

(siehe Jean Gebser: „Ursprung und Gegenwart")

Marko Ferst

Niemandsland

So aber spricht
nichts mehr für uns
keine Gemarkung
deutet auf Gnade hin
in uns schreitet der Frontier
wie eine wütende, blinde Kreatur
irdischer wie göttlicher Rat
erlischt geradezu als
Falschmeldung

Immer neue Grenzlinien
werden eingemeindet
die Siegerpose gilt als gesetzt
durchsickert alle Ebenen
wie kann retten
wo alles auf eine Karte ankommt
von der man beginnt zu ahnen
sie ist der schwarze Peter?

Da noch zu hoffen
gleicht einem Gewaltakt
gegen sich selbst
gewiß ein kräftiger Anstoß
viele Dominosteine fallen:
doch es belagert hier
zuviel toter Geist
umwindet jene Staturen
aus der Schübe gelingen könnten
über Endstationen
hinaus

Marko Ferst

Herbstlichter

Hoch oben
taumeln Fledermäuse
über die Lichtung
hinter uns Staub
zertreten ein alter Bovist
wie wir noch irren
mit unserem weißen Haar
es pochen Rabenzeiten
hitzetrocken Wald und Flur
kaum für eine Pilzsuppe
reicht die Ausbeute
es kündigt sich an
die Bilanz unserer Tage:
das Ungetane

Verstreutes Lila
wir ruhen auf unseren Sachen
kosten zurück die Jahre
Dämmerung zieht herüber
in unsere Arme
noch spielt das Orchester
oder werden wir es
nicht gewagt haben
bleiben nur Bruchstücke
von unserem Traum
die vergeblichen Flugkehren?

Marko Ferst

Blickwinkel

Was werden
sie sehen die Augen
der heute Neugeborenen
im hohen Alter?

Einmal selbst sehen
mit diesen anderen Augen
zu einer späteren Zeit

Wer jetzt geboren wird
riskiert sehen zu müssen
was übrig bleiben wird
von dieser nekrophilen Zivilisation

Einmal sehen müssen
die Schneise der eigenen Schuld
das Schattenreich
moderner Industriehybris

Die Ohnmacht schon kennen
aber einmal sehen
die monströsen Folgen
mit den Augen
der Jüngeren

Würden wir
auf die Barrikaden gehen
gegen unsere eigenen Wünsche?

Marko Ferst

Australische Feuer

Die Dürre
geht ins vierte Jahr
Ballett der Fischbäuche
immer wieder rationiertes Wasser
grüne Rinnsale, giftige Algen
in leeren Flußbetten
von Oberläufen
wird noch immer
Baumwolle exportiert
Kapseln der Korruption

In braunen Staub
verwandeln Felder sich
dunkel die Stimmen
kein Halm Weizen mehr
die Schafzahlen sinken rapide
nach immer mehr Bauern
greift eine schwarze Klaue
der Bankrott summt
still in den Küchen
als diabolische Zumutung
galt oft genug
wenigstens vorzusorgen

Ein Rekordjahr
mitunter wie Schnellzüge
rasen die Flammen
über Wald, Busch und Häuser hinweg
Rauch von kontinentalen Ausmaßen
Meereswellen als Fluchtort
Canberras rotes Gestirn
am orangen Himmel
die Brandglut verschlingt
Känguruh und Koala
Schleppe von einer Milliarde Tieren

schwarzgeräumt ein Areal
größer als das ostdeutsche Land
Alpträume aus Kadaver
höchste Stände für
Thermometersäulen
Tankstellen explodierten

Australien verschifft
den Untergang
aus seinen Kohleminen
Zündstoff für neue Megabrände
bisher steigen rasant
Mengen und Gewinne
Premierminister Morrison
sonnte sich auf Hawaii
laboriert üblicherweise
am Klimasuizid
Feuerwehrleute sollten
unbezahlt bleiben
niemand will ihm die Hand geben
ausgepfiffen braust er ab
doch Hohepriester von Lügenliedern
verstummen nur selten
für neue Abbauherde
liefert Siemens
die Zugsignaltechnik

Hagelbälle oder Sintflutregen
Petrus krönender Spott zuletzt
homosapisches Treiben
gelistet als unangepaßt
Fische aus Flüssen
in Bassins gerettet
Tierstationen ausgebaut
Brandwunden, Blasen behandelt
Heilkuren für Wombats
gegen den Hunger Mohrrüben
abgeworfen auf verbrannte Öde
Gerippezeiten

Wellblech und zerbröselte Steine
flüstern vom Vorspiel
die Schachzüge
der nächsten Dürren
sind eröffnet
längst überboten eins Komma fünf Grad
der Schlund der Wüste
rückt immer näher
versteckt vom feurigen Austrieb
des Eukalyptus

Wie ein Geflecht aus Rätseln
die Grabenbrüche im Anthropozän
lauert das Outback auf neuen Pfaden

In der Brandsaison 2019/2020 in Australien entstand mehr Kohlendioxid, als
Deutschland in einem gesamten Jahr emittiert.

Marko Ferst

Unverortet

Gewiß, ein stilles Gefängnis
die Tage gehen unter
im Stadium des Anderen
eine letzte Balance
mit stark verzerrten Regeln
Wünsche und Küsse
verstellte Horizonte
Landmarken längst entschwunden
die Brandbögen der Schübe
zersetzen jede klare Logik
warten auf die Rückkehr
die Ruhe im Körper, Vernunft
irgendwann wird Meer sein
gibt es noch etwas zu halten?

Beate Loraine Bauer

Chancentag

Ein neuer Tag erwacht
— unberührt — frisch — beweglich.
Gib ihm die Chance der SCHÖNSTE
Deines Lebens zu werden.

Entdecke Freudenblüten wie Glückssterne
die dein Innerstes liebevoll erleuchten und nähren.

Sei dankbar für das Geschenk
L E B E N
sowie die oft zu selbstverständlich empfangene Gesundheit

Sehe — ja erkenne — mit Herzaugen die wahren Momentschätze
Fühle und begreife Daseinssinn.

Blicke über den Tellerrand
auf interessante Horizontmöglichkeiten
die das Innere wie Äußere konzentriert erweitern.

Lass Respekt — Fairness — Toleranz — Frieden — Empathie
ins Wir einfließen.

Lerne wie verändere aus heilsamen Erfahrungen
Dein selbst wie bedachtsam eigenverantwortlich die Welt.
Den Jede/r ist ein wichtiger Teil des besonderen Ganzen.

Liebe — Vertrauen — Freiheit — Lebenswerte
aktiv wie gegenwärtig
jeden einzelnen Lebensspurschritt begleiten

Im tiefen Wissen das Liebe eine verfügbar
unversiegbare Quelle ist,
schöpft vollkommenen Segen für
und mit deiner Atemseelenreise.

Beate Loraine Bauer

Jeden Tag aufs NEUE

Jeden Tag aufs N E U E
das Leben – die Welt und sich selbst
entdecken – finden – verwandeln – entfalten.

Daseinswerte bewusster wahrnehmend
schätzen und definieren können.
Das sich in Augenhöhe jetzt begegnen
gerne ins Morgen „retten".

Bei allem Frühlingserblühen erkennen
was Natur ist – braucht.
Regen zum nährenden Wachstum für
Felder – Bäume – Wälder essenziell ist.

Wir warme Sonne genießen -
alle Jahreszeiten und Wetterbilder
haben natürlichen Sinn
für den Rhythmus des Wandels.

Zwischen den Gestern und Heute-Blättern
unserer Atemseelenreise
dürfen wir gerade momentan
aufmerksam inneren Horizont
verstehen und erweitern.

Im tiefen Herzinnern
breiten liebevolle Flügel sich aus.
Berühren Frieden, Zufriedenheit und Dankbarkeit
die stete Wegbegleiter sind.

Angstgesichter wie Sorgenwolken
ansehen – akzeptieren und in Lösungsziele bereinigen.

Vertrauen und Zuversicht
in die Waagschale des Alltags legen.

Lächelnd – staunend – spürend – hörend – sehend – riechend
jeden neuen Tag
als Wunder wie Geschenk
annehmen und l e b e n !
Alles ist gesegnet möglich!

Beate Loraine Bauer

Sei Deine Chance

Mit dem ersten Atemzug
bist du die Chance auf LEBEN.
Jeden einzelnen Farbtupfer – Wachstumsschritt -
Erlebnismelodie – Erfahrungsbilder
auf der Seelenweltreise des Daseins.
Freiheitswinde und Friedenssonne
streicheln sensibel
Herzhaut.
Liebe nährt dich –
reichert Vertrauen an –
mit dem du Chancen erblickst – ergreifst – realisierst.
Säst Möglichkeitsfelder verfügbarer
pflückst Visionen wie reife Früchte.
Chancen sind gesegnete Lebenssterne
wollen mit Einsatz und Zutrauen
kostbaren Jetztboden erreichen.
Hand in Hand mit dir.

Beate Loraine Bauer

FEIER Wall

In Zeiten von Corona oder besser gesagt
noch in Schutzmaßnahmenfenstern
fällt es vielen Menschen
schwerer die alltäglich wichtigen Regeln zu befolgen...

Wenn Frau Sonne sommerlich
am blauen Wolkenzelt erscheint
beginnt für jung bis alt Feierlaune Einzug zu halten...

Ob am Isarstrande, vor dem Stuttgarter Schloss
oder an vielfältig geeigneten Orten strömen die Massen
mit Decken – Essen – Grillen – Trinken
und mehr aufgeweckt hin.

Zeitweise ohne Grenzen an Rücksichtnahme – Lautstärke –
Abstandsregeln oder oder

Losgelöst oder beschleunigt nach
Entschleunigungsphase steppt der „Bär" los!

Ohne Ängste – ohne Sorgen – teilweise ohne faires Augen-Wir-
Verhältnis
entfalten sie üppig weit ihre Feierflügel.
Nein – nicht alle über einen Kamm scheren!
Gott sei Dank oft mit wenig Aggressionspotenzialen
oder erforderlichen Polizei-Einsätzen.
Da wo notwendig ist das Ausleben –
die Gewaltbereitschaft wie geplante Aktionen
in einem erschreckenden Gesellschaftsdichte

Bloppt keine FeierWALL hoch –
die selbständig im frühen Stadium gesund gegenwirkt.

Ein Miteinander fröhlich ermöglicht –
jedoch nicht auf Kosten von...

Feiern im Wir – mit Lachen – Geselligkeit –
ohne Übergriffe – Respekt wie vernünftiger Abstandsordnung
gestaltet wie erhält nachhaltiger
bunte wertvolle Erlebnisbilder,
die Herzen mit Frieden – Freundschaft – Liebe satt erfüllen.

Beate Loraine Bauer

Ein Engel an Deiner Seite

Zwischen deinen Lebensblätter hindurch –
bunt – vielfältig – konturenhaft – lehrend – wünsche ich dir einen
Engel.

Möge sein LEUCHTEN
all deine Spuren gesegnet begleiten
und dir den besten Weg offenbaren.

Ein Engel der durch die Leichtigkeit seiner Flügel
dir Mut und Freiheit schenkt für neue Entdeckungshorizonte
wie Entscheidungskraft

Seine Liebe durchströmt dich –
trägt dich vertrauensvoll
durch alle Licht-Schatten-Welten denen du begegnest.

Einen Engel der dir im tiefsten Seelenherz
schöpfend
Klarheit
Wahrheit
Zuversicht
Respekt
Würde
Friedfertigkeit
und Güte
fassbar für dein Hier und Jetzt Atemboot gewährt
Möge er dich stetig geleiten

bei Sonnenschein wie Sturmregen
sein vollbringender Glaube
dich wunderbar berühren wie wandeln

Deine Gaben – Authentizitätssterne und Anteilslandschaften
des gesamten WIR in die Erlebnisflüsse Mutter Erde einfüllen.
Gegenwart achtsam weise leben und pflegen
damit das noch schlafende Morgen
positive Entfaltungschancen findet wie wirkungsvoll
vervollkommnet verfügbar existent weiter sät.

Ein Engel an deiner Seite
komplettiert beschützend dein Körper-Seelenherz-Zuhause.

Beate Loraine Bauer

Reduzierungsgedanke

Corona beherrscht aktiv
die Medienlandschaft
und ein klares Stück unsere Daseinsgegenwart.
Reaktionen wie Hamsterkäufe und anderes
beginnen den Alltag in ängstliche Farben zu tauchen.
Das Routinerad nicht neu erfunden,
sondern mit besorgten Gewichten bestückt.
Immer schneller – immer mehr und immer…
Ja – was genau?
Erlangen wir dadurch wirklich
sicherer gesunden Erlebnisboden?
Welche Ellenbogen wie Handlungen
treten ans Menschenlicht,
wenn manches knapper werden sollte?

Warum ATMEN wir nicht mühelos tief ein und aus.
Versuchen eine objektivere gelassene Balance
mit der Umgangssituation zu realisieren.

Auch im deutlichen Bewusstwerdungsprozess
was wir wahrhaft zum Lesen brauchen.
Reduzierter – achtsamer – dankbarer.
Erkenntnisnahrung kosten – weniger bedeutet oft mehr.
Wo Vertrauen wie Zufriedenheit zuverlässige Begleiter sind.

Reduziert und dabei die wertvollen Daseinsschätze
entdecken – finden – erleben dürfen!

Wo bei allem Corona der Seelenherztakt
freudige Atemreise begeht.
Uns ein erwachendes Frühlingslächeln zaubert.
Im aufmerksamen Hier und Jetzt,
das uns verfügbar gesündere Chancen bietet.

Öffne deine Herzaugen
– erkenne die erfüllbaren Wunder und die horizontweite Welt –
die uns ein vollkommenes WIR spiegelt
und tiefen regen Erfahrungsatem vergegenwärtigen will.
Einfach das S E I N wunderbar praktizieren!

Beate Loraine Bauer

Wunder geschehen...
auch in Zeiten von Corona

Wunder geschehen...
wünschen wir uns gerade jetzt in Corona Zeit
Einige in voller Herzinbrunst
wo wir sonst den Liebsten herbei sehnen...

Doch momentan sind wir wirklich gefragt
Jede/r Einzelne darf mit Einsicht
verantwortungsbewusst im Handeln sein
Mit klarer Verstandsansicht was im Hier und Jetzt notwendig ist,
um das Miteinander-WIR
längerfristig eine gesunde faire Basis zu bringen.
Objektiv über den Nasenspitzen-Tellerrand blicken und
erkennen dürfen was richtig und wichtig ist.
Hoffnungsfrohe liebevolle Weitsicht übend
um ein geschütztes genesendes Morgen schöpfen zu können
Ruhe zu bewahren –
wie Atem im los- wie zulassen KÖNNEN.

Entdecken wir offen mit kreativen Augen
wie Alltag sinnig intensiv noch gestaltet werden kann
Welch gute Gesprächsbegegnungen am Telefon oder
per Mail wie Briefpost möglich ist.
Erzeugen wir selbst in uns eine
friedlich fließende
Herzliebeswelle
die wir über die ganze Welt aktiv reisen lassen.
Mit starkem HEILUNGSSEGEN im Atemseelengepäck!

Im Vertrauen auf das Wunder Leben das uns -
durch eigene Vernunft – Geduld – Respekt –
Würde – Dankbarkeit
zufrieden kostbare Erlebnislichter schenken wird.

Atmen wir aufmerksam weise hinein

in diese fordernd förderliche Daseinsetappe –
meistern wir diese im
rücksichtsvollen Gemeinsamkeitszusammenhalt.

Wandeln wir die Sorgen und Ängste heilsam
in vollbrachte Lösungsziele ein.

Wir schaffen das!

Beate Loraine Bauer

Herzspruch

In meinem Herzen
ist eine Liebe gegenwärtig –
stark wie ein Berg
soweit wie Ozeane.
Eine nie versiegende Quelle
die in das ich wie wir einfließt,
voller Innigkeit und Lebensfarben.
Herzensliebe die erreicht – erfüllt – begleitet.
In Seelentiefe und Wissen das Dasein ist,
verfügt Liebe über eine wertvolle wunderbare
Qualität wie Gegenwart.
Lass sie im Loslassen zulassendes Erfahrungsglück gestalten.
Einfach im liebevoll bewussten Sein,
dankbare Alltags- wie Begegnungslichter spürend.

Kata (oder das ästhetische Tourette)

Sie ist eine Pflegerin
Und zeichnet sich durch Tourette aus,
Doch flucht sie nicht, dass Gott erbarm'
Nein, es ist ästhetisch.

Drei Mal pro Minute
Macht sie leise mh, mh.
Es klingt wie ein Schneeglöckchen,
Das fein und zart und glockenklar

Nach dem Frühling ruft.
Sie pflegt mich und es wird
Frühling, wenn sie da ist
Mit ästhetischem Tourette.

Es ist Kata,
Gute liebe Pflegerin –
Mit mh
Ästhetischem Tourette.

Leontin Rau

Tanz Tanz?

Es war einer dieser Momente,
In denen alles enthalten ist;
Am Vortag die Fahrt mit der Klasse
Auf den Vully zwischen den Seen.

Die anderen schnupperten dort
Schon tüchtig am Liebesleben,
Ich war eher für mich
Und sah die Fülle des Sommers.

Die Sonne schien warm und samtig
Am Morgen nach der Fahrt;
Ich zog just meine Kleider an,
Als in der Luft ein Lied erklang.

Sehnsucht und Trauer durchfuhren mich
Gleichzeitig in diesem Moment.
Dem Jüngling wurde jählings klar,
Dass es nun schwierig wird.

Sehnsucht – denn ich wusste plötzlich,
Was ich wollte Herzens her:
Spannende Freude am Leben
In liebender Verbundenheit.

Trauer – weil ich wohl spürte,
Dass dieser Weg mir versperrt war:
Ich war bereits in der Falle
Dessen, der ob dieser Welt gar versauert.

Auf diesen Moment am Morgen
Folgten düstere Jahre,
Vieles war ich, nur nicht mein Lied,
Doch zuverlässig blieb die Sehnsucht.

Die grösste Einsamkeit jedoch
Trägt Früchte auch wie alles,
Musik hielt mich am Leben
Und machte mich zum DJ.

Und eines schwärmerischen Frühlings –
Ich war zwar nah am Tod –
Erhielt ich die Gelegenheit,
Mein Lied zum Tanze aufzulegen.

Für diese paar Minuten
Erlebte ich, was mir so sehnte.
Die Tänzer waren glücklich
Und glücklich war ich auch.

Jetzt lieg' ich hier in einem Bett
Im Hospital meines Vertrauens,
Und schreibe dieses Lied.
Traurig ist es, schön zugleich,

Wie einst an jenem Tag
Ende Sommer – ewig her –
Was soll ich tun,
Zum Stillen meiner Sehnsucht?

***

Christine Lauterburg – Tanz Tanz!

Leontin Rau

Der verrückte König

Molière grinst mit breitem Mund:
„Ein starkes Stück – wenn es nur glückt!"
Er tut es gleich dem Racine kund:
„Hör zu: Der König ist verrückt!"

„Dies schreibst du mir in sieben Akten,
Dein Durchbruch! Garantier' es dir.
Doch prüfe zuerst alle Fakten,
Warte, ich skizzier' es hier:"

Der grosse König von Polen
Sitzt auf seinem Königsthron.
„Wie könnt' ich mir die Tina holen?
Von ihr will ich einen Sohn."

Christina, Königin von Schweden
Am anderen Ufer der See,
Doch sie lässt nicht mit sich reden
Und ‚trinkt' mit Azzolini ‚Tee'.

„Töten werde ich ihn lassen,
Diesen Lotter-Kardinal.
Schnell dazu ein Dekret verfassen!
Und dann in den Speisesaal."

„Moment, mein Werk ist nicht vollbracht.
Es brauch noch eine Brücke
Von Danzig bis Schweden, in meiner Macht!
Auf dass sie Tina entzücke!"

„In meiner Macht, doch dafür zahlen
Soll der Papst im Vatikan,
Der den Rock der Kardinalen,
Offenbar nicht zügeln kann."

„Grossartig, diese zwei Dekrete!
So macht regieren richtig Spass!
Wer meint, dass ich jetzt kürzer trete,
der ..., Herrgott Sakrament ich fass' ...

„... Es nicht, der König von der Dänemark
Ist ein Holzkopf, fällt mir ein,
Just jetzt, der quatscht nur Ziegenquark
Und trinkt stets diesen Nordseewein!"

„Herolde kommt, verkündet gleich,
Der dänische König sei ein Holzkopf
Jedem Untertan' im Reich
Und auch jedem Frauenzopf!"

Und während unser König
Seine Läufer instruiert,
Tut sich hinter ihm nicht wenig,
Der Hofmarschall zischt enerviert:

„Kämmerer, schnell, verschwinde durch das Tor,
Retten wir den Staat auch heute,
Zwei Wische für das Ofenrohr,
Gott sei mit uns, wir tapferen Leute!"

Schon wendet sich der König
Wieder seinem Schreibtisch zu.
„Was liegt denn da so wenig?
Für heute gibt's noch keine Ruh!"

„Nu, war da nicht was ...?
Ach ja, ein Dekret muss es sein!
Für Louis XIV. 1000 Fass
Von unserem besten Ostseewein!"

„Dieser Wein ist das Problem, Teufel Herzinfarkt!
Der Spanier mit seinem Tropfen,
Ruiniert uns hier den Absatzmarkt.
Dekret! Strafzoll!" (Türe klopfen)

„Herein, ach Sommelier im Reich.
Das trifft sich eben gut,
5000 Fass Spanier, sogleich!
Man hört, dass sich im Markt was tut."

Unterdessen hinter seinem Rücken
Zischt der Kämmerer zum Marschall:
„Jetzt musst du die Wische zücken,
Diesmal ist es deine Wahl."

„Wieder Gang zum Ofenrohr,
Dann wieder Wische und so weiter,
Siehst du Racine, kleiner Tor,
Ist höllisch gut, wird das nicht heiter?"

„Werter Meister Molière,
Köstlich, klar, doch bin ich pessimistisch,
Frage mich halt wirklich sehr:
Ist das alles realistisch?"

Leontin Rau

Der Berserker und der Gelehrte

„Ich reisse heut' Nacht das Christentum ein,
Schluss mit den steifen Rücken!
Geniessen wir wieder Brot und Wein
Ohne geistliche Krücken!"

„Einreissen kann das Christentum jeder.
Was denkst du nur wieder für Sachen?
Es ist ziemlich egal ob mit Arm oder Feder –
Doch unnötig muss man es machen."

Shoka Golsabahi

Der Name

Anneliese hieß Anneliese von Glückshausen.
Sie ließ den Nachnamen ändern in Glücksbergen.
Außer ihren Namen hatte Anneliese
im Grunde nichts zu verbergen.
Diese Frau von Adel,
kannte für sich nichts außer Tadel.
Ach und Anneliese hieß ja gar nicht Anneliese, sie hieß anders.
Ihr Name war Antonia, man nannte sie auch Toni.
Und auch das musste sie verbergen,
aber außerdem, gab es nichts dass sie verbergen musste,
schließlich war Anneliese ehrlich,
zum Glück war diese Eigenschaft an ihr unentbehrlich.
Sie war nett, sie war schlau, sie war schön.
Sie war gut, sie war groß, sie war beliebt,
wenn da nicht ihr Name war,
der sich immer nur seltsam verhielt.
Manchmal wachte sie auf und sprach ihn aus
Dann missfiel ihr was und sie konnte nicht anders
als sich eine Änderung zu überlegen,
und dann stellte sie fest, ganz verlegen,
dass ihr dasselbe eingefallen war,
vor einer Woche,
als sie wieder an ihrem Namen verzweifelt vor Wut kochte.
Der Name bedeutet alles, das wusste sie.
Ein performativer Akt, das gesprochene Wort
- das kannte sie.
Man wird nicht was man ist, oder nur wenig.
Man wird wie man heißt.
Und das störte sie unendlich.
Nein, aus Glücksbergen musste etwas anderes werden.
Anneliese musste zur Liese werden.
Liese zum Glück,
so müsste sie heißen,
dann würde sich das Glück um sie nur so reißen.

Shoka Golsabahi

Der Ton

Es war einmal und ist nicht mehr,
ein Ton der traurig verstummt war.
Zwei Freunde, der eine hieß „eswareinmal"
und der andere hieß „istnichtmehr"
Fanden den ton der traurig war, der verstummt war.
An seinen zugenähten Lippen sahen sie es ihm an,
dass da etwas war das nicht mehr ist.

Eswareinmal und Istnichtmehr sahen sich sehr ähnlich.
Der verstummte Ton war irritiert,
und empfand das sogar als gefährlich.
Der Ton war verängstigt,
er zitterte, vibrierte und wollte weg,
aber Eswareinmal und Istnichtmehr ießen ihn nicht mehr weg

Sie wollten doch so gern helfen
und fingen an den Ton zu kitzeln,
ein bisschen hier ein bisschen dort
ein bisschen ein Tönchen da und ein Tönchen dort
war dann schon zu hören,
und die stille wurde verjagt.
Ganz langsam ganz leise,
wurden die Fähigkeiten des Tons bejaht.

So waren sie dann zu Dritt.
Da war der Ton - es war einmal -
ja es war einmal der ton - da fing er an.
Und sobald man ihn zu halten versuchte - Istnichtmehr
war er wieder weg.

Und die drei Freunde
Eswareinmal, der Ton und Istnichtmehr wurden unsterblich,
ein bisschen,
wie eine Dreifaltigkeit.
Nur ohne Kreuz und viel Freundlichkeit.

Inhalt

144

Autorinnen und Autoren stellen vor:

Franz Alt, Rudolf Bahro, Marko Ferst: Wege zur ökologischen Zeitenwende. Reformalternativen und Visionen für ein zukunftsfähiges Kultursystem, 340 Seiten, Edition Zeitsprung, Berlin 2002, 21,90 €

Burkhard Bierhoff, Marko Ferst, Rainer Funk, u. a.: Erich Fromm als Vordenker. „Haben oder Sein" im Zeitalter der ökologischen Krise, 224 Seiten, Edition Zeitsprung, Berlin 2002, 15,90 €

Rainer Daus: Brandts Schuld. Erzählung, 116 Seiten, BoD, 2020, 8,50 €
Rainer Daus: Der tiefe Fall des Wolfram Harth. Drama, 80 Seiten, BoD, 2020, 7,50 €
Rainer Daus: Die Jungfrau aus dem Norden. Gedichte, 124 Seiten, BoD, 2019, 8,50 €

Andreas Erdmann ,Marko Ferst, Monika Jarju u.v.a: Die Ostroute. Erzählungen, 256 Seiten, Edition Zeitsprung, Berlin 2014,11,90 €

Marko Ferst: Jahre im September. Gedichte und Erzählungen, 212 Seiten, Edition Zeitsprung, 2017, 11,90 €
Marko Ferst: Umstellt. Sich umstellen. Politische, ökologische und spirituelle Gedichte, 160 Seiten, Engelsdorfer Verlag, Berlin 2005, 11,20 €
Marko Ferst: Täuschungsmanöver Atomausstieg? Über die GAU-Gefahr, Terrorrisiken und die Endlagerung, 136 Seiten, Edition Zeitsprung, Berlin 2007, 9,95 €
Leseproben und Bestellung: www.umweltdebatte.de

Josef Wehinger: Was der Mensch denkt, 84 Seiten, United p.c, 2012, www.eurobuch.com (antiquarisch)

Frisch aus der Feder

Kurzgeschichten querbeet, gewürzt mit Humor

Heike Wiezorek

140 Seiten, 2020

Erleben Sie einen Urlaub an der holländischen Küste. Heimlich organisiert der Ehegatte eine Geburtstagsfeier, doch seine Frau flirtet für einen Moment mit einem anderen Mann, kann sie sich doch so einiges nicht erklären. Ein Spukhaus fördert ungeahnte Geheimnisse zutage. Ist es ein Aprilscherz oder doch ein Banküberfall? „Lust auf mehr" gibt so einiges über das Liebesleben preis. Der Herrgottsdackel sucht nach neuen Opfern, wen wird es treffen? Eine Maus in der Küche, die die Enkel heimlich mitbrachten, versetzt eine Oma in Panik. Heike Wiezorek schrieb bisher schon drei Gedichtbände. Auf Wunsch ihrer Kinder entstand nun ein Band mit Kurzgeschichten: spannende Krimis, humorvolle Fabeln, nachdenklich machende Erinnerungen an die Nachkriegszeit und Berichte über Reiseabenteuer. Lustige Oster- und Weihnachtsgeschichten runden das Ganze ab.

Leseprobe, Inhalt: www.literaturpodidum.de
Kontakt und bestellen: felixmartingutermuth@gmx.de

Literaturpodium

Bei uns können Sie Gedichte, Erzählungen, Essays, wissenschaftliche Beiträge, Märchen, Fantasiegeschichten, Haiku, Aphorismen, Reisereportagen etc. in verschiedenen Buchprojekten veröffentlichen. Die Bücher werden gegenseitig mit Anzeigen beworben und im Internet präsentiert. Sie sind in vielen Ländern lieferbar. Auch eigene Gedichtbände, Romane etc. können publiziert werden.

Mehr Informationen unter:

www.literaturpodium.de

Eine Tasse Tee genießen

Gedichte

Petra Dobrovolny-Mühlenbach, Dietrich Krome, Marita Wilma Lasch u.v.a.

168 Seiten, 2019

Unter einem Apfelbaum liegen

Gedichte

Kurt Eimers, Melissa Tara Nielsen, Peter Frank u.v.a.

348 Seiten, 2019

Leseproben, Inhaltsverzeichnis: www.literaturpodium.de
Bestellung: wettbewerb@literaturpodium.de

Chips, Nippel und Abenteuer

Gedichte

Felix Martin Gutermuth

104 Seiten, 2020

Vagabundisches Leben, das Risiko als Lebensplan und der Späti als Schaltstelle der Nacht. Felix Martin Gutermuth zelebriert ungeschönte Momentaufnahmen, zeigt die Narben, denen nicht zu entkommen ist, sobald Konventionen keinen Halt mehr bieten. Wie die Liebe mäandert, zeichnet er nach, läßt erotischen Abenteuern ihre Faszination, zeigt Fallstricke. Noch nach Jahren steht er im Bann einer früheren Liebe. Seine klaren und unverstellten Gedichte geben Einblicke in großstädtische Atmosphäre, blenden ein, was andere ausblenden. Oft bewegt er sich in Berlin-Neukölln, nach Paris und Mallorca führen ihn seine Wege. Doch alles bleibt ungewiss im Wendekreis des Krebses.

Leseprobe, Inhalt: www.literaturpodidum.de
Kontakt und bestellen: felixmartingutermuth@gmx.de

Einzig dieser Moment
Gedichte und philosophische Poesie
Eduard Preis

Einzig dieser Moment

Gedichte und philosophische Poesie

Eduard Preis

80 Seiten, 2020

Wie durchlaufen wir den Bogen des Lebens? Im Band finden sich eine Vielzahl philosophisch akzentuierter Gedichte. Bewegung und Stillstand ergeben zwei ewige Gegensätze. Sie bestehen jedoch nur aufgrund ihrer gegenseitigen Verbundenheit. Diese Einheit wird uns in manchen Augenblicken bewusst. Solche Momente bewegen uns, wir halten inne und reflektieren über den Lauf der Dinge, die Welt wie sie beschaffen ist. Doch führt uns der Autor auch in die Gestade der Träume, lädt uns nach Lappland ein oder fragt nach dem Erhalt der ökologischen Balance. Umarmungen und die Gestalten der Liebe lassen sich auffinden. Folgen Sie den Eisenbahnschienen des Nordens oder den Spielarten moderner Kunst. Einige Gedichte sind um eine englische oder russische Version ergänzt.

Inhalt, Leseproben: www.literaturpodium.de
bestellen: preis.eduard@hotmail.de

Republik der Falschspieler

Marko Ferst

172 Seiten, Gedichte, 11,60 €, Leseproben: www.umweltdebatte.de

Wohin driftet die Berliner Republik? Ein bißchen Gelddiktatur schadet doch niemandem? Die Gedichte in diesem Band bürsten unbequem gegen den Strich. Hartz IV und Ein-Euro-Job kommen auf den Prüfstand. Da wird nach sozialer Gerechtigkeit ebenso gefahndet wie nach ökologischer Balance. Sind wir als Zivilisation dem Untergang geweiht? Der Autor setzt sich auseinander mit den Folgen von Tschernobyl für die Menschen und thematisiert: Atomkraft ist unverantwortlich. Er führt uns nach Mittelasien und schreibt sich an die Tragödie um den verschwindenden Aralsee heran.
Wieviel unschuldige Opfer fordert der angebliche Kampf gegen den Terror? Was konnte die orange Revolution in der Ukraine leisten oder wieviel blaue Adern durchziehen sie? Unternommen wird ein Ausflug an die Wolga und nach Kasan. Einen umfangreichen Abschnitt mit Liebesgedichten findet man vor, überdies zahlreiche Landschaftsgedichte. Außerdem: was kann dem streßgeplagten Weihnachtsmann alles passieren? Eine Nachtwanderung führt in spukumwundenes Ferienland.

Bestellung: marko@ferst.de

155

Jahre im September

Gedichte und Erzählungen

Marko Ferst

Edition Zeitsprung

Jahre im September

Gedichte und Erzählungen

Marko Ferst

212 Seiten, Edition Zeitsprung, 2017

Über Ostseeinseln wie Öland und Usedom streifen die Gedichte. Sie führen in die schwedische Schärenstadt sowie nach Buchara, Samarkand oder in den Ural. Magische Ausflüge in die Natur und Tierwelt tauchen auf. Gedichte zu Musik, Literatur und Malerei reichern diesen Lyrikband an. Unter die Lupe genommen wird der Drang der Regierenden, uns mehr und mehr auszuspionieren. Kritik zieht das gescheiterte Afghanistan-Abenteuer auf sich, das syrische Totenfeld wird umrissen. In Bangladesch zeichnen sich weitere Landnahmen des Meeres ab, Wasserstände, die mit unserem verschwenderischen Lebensstil im Norden verbunden sind. Sondiert wird, warum unsere Zivilisation ökologisch zu scheitern droht, sich längst im Spätstadium befindet. In der Arktis zeigt sich, wie weit das Vorspiel zum Klimaumsturz schon gediehen ist. Spitzbergen archiviert unsere letzten genetischen Hoffnungen. Den Spuren und Abgründen einer mysteriösen Krankheit wird nachgegangen. Der Band enthält zwei Erzählungen - eine arktische Begegnung zwischen weißen Raubtieren und einen Blick in das sowjetische Speziallager Sachsenhausen.

Leseproben: www.umweltdebatte.de Bestellung: marko@ferst.de